물의 도수

물의 도수

남정인 · 글

말그릇

| 서문 |

다시 또 쓰고 싶다

 문득 지나간 것은 결국은 '없다는 것인가'라는 의문이 들 때가 있다. 추상이 다 아름다울 수 없지만 이미 지나간 일을 기억에서 불러와 쓰는 것은 신기한 일이다. 침전된 시간에 파문이 인다. 지나고 나서야 보이는 것들이 있다. 처음 섰던 내 십 대의 광장, 사내애처럼 머리를 깎였던 시거리 이발소, 눈 내리던 날 밤 최초로 썼던 시, 시간이 멈춘 듯한 고향 풍경, 영주 할머니….

 《물의 도수》로 표제를 정했을 때 좋았다. 상선약수 上善若水. 최고의 선은 물과 같다는 말이 가슴에 닿는다. 그토록 이상적인 경지를 말하려는 것은 아니다. 무심했는지 뒤늦은 발견이었는지 내 안에 내재한 것은 비였고, 그것이 뮤즈였다. 나를 성장하게 한 비, 피붙이와 함께했던 이국의 강, 물처럼 술을 마시는 여자의 낭만. 서쪽 바다 가까이 사는 이유도 있을 테다. 이번 책에 물을 연상하는 글을 여러 편 넣었다.

다시 또 쓰고 싶다. 세상 밖으로 내보낸 글들이 아쉽고 미진한 이유도 있다. 무엇보다 글쓰기는 내 삶의 동력이다.

세 번째 책 원고를 정리해 출판사에 보내고 나니 배롱나무 붉은 꽃이 한창이다. 좋은 계절에 책을 내는 것이 행운 같다. 사랑하는 이들에게 꽃보다 더 붉은 마음을 보낸다.

2024년 가을에

남정인

차례

서문 • 4

1장

비와 성장통 • 12

물의 도수 • 18

백그라운드 • 25

조금만 더 같이 있게 해주소서 • 30

녹두밭 윗머리 • 35

다시 그 광장에 서서 • 41

낭만에 대하여 • 46

이름에 관하여 • 51

불면과 친절의 상관관계 • 57

최연소 저항 시인 • 64

아메리카노 없는 편의점 • 70

2장

술이부작, 술이 부족허냐 • 78

429호 병실 • 86

카페 '레인' 그리고 선인장 • 97

엄마가 졌다 • 102

젊었으면 애호박 들고 갔을까 • 107

북데기 아주머니 • 112

경치가 수려한 마을의 문제 • 118

멋지게 지는 작전 • 124

콩밭 열무 • 130

누가 더 살아 있는 걸까 • 136

갯벌에 지는 노을 • 128

3장

외로우니까 카톡이다 • 148

겨울 석양 • 153

블랙워터 • 157

우즈베키스탄 빵집 • 162

인생은 핑크빛도 아니더라 • 167

다행이다 • 172

준비하는 거냐는 그 물음 • 177

순자네와 시래기 • 182

은빛 찬란한 • 188

지금도 멋진 나이라고 말할까 • 192

4장

쓰레기 줍는 할머니 • 200

애인이 생겼어요 • 205

달을 보고 짖다 • 211

웃통 벗은 남자 • 218

눈물의 못 • 223

귀거래혜 • 228

꿈길밖에 길이 없어 • 233

세상은 한없이 아름다울지도 몰라 • 237

여행 중 만난 사람들 • 242

은퇴 후 머무는 정거장 • 250

태풍에도 끄떡없는 까치둥지 • 255

15일간의 노동은 • 161

1장

비와 성장통 •
물의 도수 •
백그라운드 •
조금만 더 같이 있게 해주소서 •
녹두밭 윗머리 •
다시 그 광장에 서서 •
낭만에 대하여 •
이름에 관하여 •
불면과 친절의 상관관계 •
최연소 저항 시인 •
아메리카노 없는 편의점 •

비와 성장통

 봄 가뭄이 길더니, 벚꽃이 꽤 오래 갔다. 꽃이 질 즈음 비가 내리기 시작했다. 빗방울이 마른 대지에 떨어지는 순간 피어오르는 흙내. 내가 비를 좋아하는 이유 중 하나다. 빗방울이 땅에 부딪는 순간은 영상으로 담을 수 있는데 내음은 붙잡을 수 없을까. 그 독특한 향은 언제나 아쉬움으로 사라지곤 했다. 사향노루의 배꼽에서 추출한 향도 있고 이끼로도 향수를 만드는데 대지의 향수는 없는 걸까. 나의 오랜 의문이었다. 그러나 무안하게 고대부터 그런 향수가 있었다고 한다. 몬순을 꿈꾸게 하는 인도의 향수 '미티아타르'를 최근에야 알았다.

 빗줄기가 굵지는 않았다. 워낙 메마른 뒤라 살포시 향이 일었다가 이내 묻히고 말았다. 양철지붕만큼 경쾌한 리듬은 아니어도 비닐하우스에 떨어지는 빗소리도 첼로의 저음처럼 울림에 무게를 실어 편안했다. 사부작사부작, 온종일 그렇게 내렸다.

빗소리는 추억을 끌어온다. 산이 없는, 그렇다고 특별히 낮은 곳도 없는 내 고향은 거칠 것이 없는 평지다. 지평선이 보일 것 같은 넓은 들판에 비가 내리면 시야는 단색이 된 채 아득해졌다. 안개비에도 거대한 회색의 공간이 되었다. 장맛비가 내리면 사람들은 애벌레처럼 집에 갇혀버리고 움직이는 것이라고는 빗줄기뿐이었다. 세상은 오직 비만 있는데 미꾸라지가 마당에 나타나 꼬물거리면 신기했다. 논에 사는 미꾸라지가 신작로로 어떻게 건너왔을까. 그건 아닐 거야. 혹시 하늘에서 떨어진 것일지도 몰라, 그런 생각이 들면 신비해서 하늘을 자꾸 올려다봤다.

비 오는 날에도 나는 신작로에서 아버지가 타고 나가실 버스를 기다렸다. 멀리 면사무소 근방에 버스가 보이면 "아버지, 버스 와요~."라고 목청껏 소리 지르는 것이 내게 주어진 임무였다. 그날은 집에서 나올 때는 큰비가 올 것 같지 않았는데 갑자기 소나기가 내렸다. 피할 곳이 없어 그대로 서 있었다. 신작로는 냇물이 되어 나를 휩쓸어 갈 것만 같았다. 면사무소 쪽을 향해 눈을 부릅떴지만 버스는 코빼기도 보이지 않았다. 얼마나 그랬을까. 큰언니가 날 데리러 나왔다. 나는 언니를 보자 왈칵 울음을 터트렸다.

"언니, 무서워."

"비가 많이 오면 그냥 들어와야지."

언니가 내 손을 잡고 가려는데 뭔가가 내 옆을 '획' 하고 지나갔다. 나도 모르게 우뚝 섰다. 어떤 여자가 레드카펫 위의 여배우처럼 걸어가고 있었다. 문에 바르는 모기장 망을 아무것도 입지 않은 하체에 두른 여자. 빗물이 허리에서 허벅지를 지나 종아리로 흘러내리고 있었다. 언니 손에 끌려가면서도 나는 자꾸만 돌아보았다.

그 여자의 언니가 우리 동네 사람이었다. 그러니까 사돈네 동네에 날만 궂으면 나타나곤 했다는데 어린 내 눈에 그 모습은 뚜렷이 기억에 남아 있다. 지금 생각해도 비에 젖은 모습이 그토록 아름다웠던 것은 영화에서도 보지 못했다. 적당히 큰 키에, 비에 젖은 원숙한 여자의 몸. 튕길 것처럼 탄탄한 라인. 흠뻑 젖은 머리칼 사이로 보이는 하얗고 뚜렷한 윤곽. 각인된 그 여자의 모습은 오래도록 지워지지 않았다. 훗날 그림에 관심이 생기면서 미술가들이 여체의 곡선에 왜 열광하는지 이유를 알 것 같았다.

그때 여자의 출현은 무대를 가로지르는 무언극의 한 장면 같았다. 귀를 자르는 예술가의 광기 같은 것이 그 여자 어디엔가 도사리고 있다가 비 오는 날이면 나타났는지도 모른다고 생각했다. 단지 미친 여자로만 여겨지지 않았던 이유가 뭘까. 예쁘고 머리 좋고 노래 잘 부르고…. 비정상인 사람에게 아쉬워서 붙는 수식어는 많지만 정말 그 여자는 예뻤다. 예쁘면 모든 것이 용서된다는 속된 표현이 맞을지도 몰랐다. 그 후 사십을 넘기지 못하고 죽었다는 말을 들었다.

언젠가 금동반가사유상을 보면서 나는 빗속을 걷던 그녀의 모습을 떠올렸다. 젊은 싯다르타의 가냘픈 몸매에 자연스럽게 흐르는 치마의 주름. 처음에는 단순히 흘러내린 선에서였다. 그 여자는 분명 예뻤고 범접할 수 없는 다른 세계가 있었을 거라는 생각도 들었다. 극악한 살인자도 길거리 걸인도 죽으면 부처가 된다는데 나는 그녀는 죽어서 부처가 됐을 거라고 생각했다. 순수한 눈으로 보았던 그 여자. 사람들에게 어떻게 보였을지 알 수는 없지만, 나만이라도 그렇게 추모하고 싶다.

나는 그림을 그리고 싶었다. 생각만큼 재능이 따라주지 않는다고 좌절했을 때 차라리 비상식적인 광기라도 있었으면 했던 때가 있었다. 그럴 때면 비 오는 날 빗속을 미친 듯이 내달려보고 싶었다. 비를 바라보며 목이 아프도록 담배 연기를 날려보고 싶었다. 비 오는 날, 정신이 허물어지도록 술도 마셔보고 싶었다. 하지만 나는 아무것도 해볼 용기가 없었다. 빗속을 달려 볼 자신마저도 없었다. 내가 망가지면 없던 예술성이 생겨날 것처럼 자신을 들볶던 것은 성장통이었던 걸까.

젊은 날 불확실한 미래에 대한 두려움이 비 오는 날이면 도지곤 했다. 그때부터인가. 저기압이 구름을 만들고 비가 되면 어떤 주술에 걸렸다 헤어나는 느낌이다. 저기압의 무게를 느끼기 시작한 언제부터인가 쏟아지는 비는 카타르시스였다. 누군가 어떤 날씨를 좋아하냐고 물었을 때 난 단숨에 대답했다. 비 오는 날이라고. 상대는 묘한 웃음을 지었다. 잠시 머뭇거리다가 미안한 표정으로 말했다. "범죄형이라는데!" 비 오는 날 벌어지는 범죄 영화를 많이 본 누군가 지어낸 말일 것이다.

자비의 손길처럼 가늘고 곱게 내리는 봄비는 며칠 건너 한 번씩 내렸다. 잠포록한 날들이 이어지고 현실과는 좀 멀어 적당히 편안한 이 기분. 비는 우울한 추억을 끌어오고 아픈 곳을 덧내기도 하지만 오히려 그것이 내게 쾌감인 것을 안다. 비는 평범한 일상 세계를 신비롭게 하기도 하고 우울하게도 한다. 인간 심리에 내재한 어떤 예술적 광기를 자극하는지도 모른다.

물의 도수

 연일 비가 퍼붓는 장마철이면 도시에서 한참 벗어난 외곽 동네는 적적하다. 술집이나 카페 같은 곳도 없는 밍밍한 시골. 비에 며칠 발목이 잡힌 남자들은 좀이 쑤셔 허리를 비틀거나 궁둥이를 메줏덩어리 치대듯 한다. L은 급기야 수술하고서 거동 못 하는 집안 누님 병문안이나 가야겠다며 일어섰다. 한 살 터울인 누님은 한동네에 살아 무시로 드나들었다. 바지 둥둥 걷어 올리고 우산을 쓰고 갔는데도 옷이 홀딱 젖었다. 혜순 누님은 앉지도 눕지도 못하는, 아주 어정쩡한 자세로 맞이했다.
 "어서 와. 그나저나 뭔 비가 이렇게나 왔싼다."
 "긍게 말여. 좀 어떻소?"
 "날이 궂은 게 더 아프고만."
 껑충한 L이 구부정한 자세로 다리를 쭉 뻗어 앉으면서 혜순 누님의 말을 받았다.

"허기사 고관절 수술이 보통 수술여? 죽는 사람도 있잖유."

힘든 수술을 무사히 견디느라 애썼다는 뜻으로 한 말이었지만 그래도 그건 문병하러 온 사람이 할 말이 아니었다. L은 몸집만큼이나 행동도 굼뜨고 눈치가 없어 말본새는 말하면 무엇하리. 거칠고 투박하여 옆에 있는 사람까지 민망하기 일쑤였다. 젊을 때 유난히 피부가 희고 말끔해서 봐줄 만했던 누님이 자리보전한 지 꽤 되니 점점 시들시들해 안쓰럽다는 뜻에서 한 말인데 너무 나가버렸다. 그런 그를 잘 아는 혜순 씨는 그러려니 했다.

평소에도 혜순 씨 집에는 사람들이 자주 모여들었다. 이제는 배곯는 사람 없는 세상이어도 먹을 것이 있는 곳에 사람이 모인다는 지론을 가진 혜순 씨다. 찾아오는 사람들 입 달래줄 먹을거리를 언제나 준비해두었다. 그날도 방바닥을 북북 기면서 주전부리를 내놓자 사람 좋아하는 L이 여기저기에 전화했다. 몇 분 간격으로 남자 셋이 인사 겸 한마디씩 하며 어깨 비를 털며 들어왔다.

"이놈의 비, 징하구만."

"옛날 같으면 냇둑 터진다고 난리였겠지."

뒤따라 들어오는 Y에게 L이 뭉툭한 도끼날로 장작 패듯 말했다.

"그나저나 너는 경운기를 왜 그따우로 모냐?"

"내가 워쪈는디요?"

"그렇게 몰다가 죽어야."

"나도 지붕 없는 스포츠카 모는 셈 치고 달려보는 거요."

"스포츠카? 로데오 경기가 좋겠다."

"로데오, 그거 낭만적이네!"

"나 부조할 돈 없응게 알아서 혀."

말본새 없는 L은 매사 죽는 얘기로 몰고 간다. 조카 걱정해주는 그만의 어법이 또 나온 거였다.

혜순 씨와 L의 조카뻘인 Y, 타성바지인 P와 J. 모두 나이가 고만고만한 오륙십 대다. 자타가 공인하는 술꾼들은 과일이니 과자 부스러기가 눈에 들어올 리 없었다. 심심하던 차에 부르니 술이 고파 얼씨구나 달려왔을 터였다. 한마디로 맨입으로는 대화 시동이 안 걸리는 인물들이었다.

안절부절못하다가 L이 제 살림인 양 냉장고를 뒤져 이것저것 쓸어 넣고 정체불명의 찌개 한 냄비를 끓여 내놓았다.

제법 술상의 면모를 갖췄다. 빗발 세차겠다 판 한번 벌여보자는 꿍꿍이속인지 마루 끝에 놓인 큰 주전자를 가져왔다.

"동생, 그거 빈 주전자인디."

"누가 빈 것 모를까 봐유? 도대체 목구녕이 빡빡혀서…."

컵마다 가득 물을 따랐다. 술 생각에 목구멍이 컬컬했을 테고 물이라도 벌컥벌컥 마시려는 심사였다. 혜순 씨 아버지는 평생 술로 살다가 돌아가셨다. 술이라면 진저리를 치는 자기 탓일 거로 생각하니 마실꾼들에게 미안하기도 했다. 하지만 꼭 그래서만은 아니었다. 동갑이어도 촌수가 위면 반말하지 않는 풍조가 아직 남아 있는 오래된 집성촌. 은연중 위계질서가 있기에 안줏거리가 될만한 것들을 보고도 그들은 혜순 씨 앞에서 술을 마시지 않았다.

물이 몇 순배 돌자, 재담가처럼 구수하게 얘기 잘하는 P가 자기 처가 동네 낚시터에서 벌어진 이야기를 꺼냈다. 상처喪妻한 데다 진급도 안 되어 일찍 퇴역한 소령 출신 군인 얘기였다.

"그 자가 폭폭헝게 강태공으로 세월을 보내는디, 낚싯줄을 던진다는 게 지나가는 처녀 코를 꿰버린 거여."

"지랄, 사람 코가 붕어 코가 돼부렸구만잉."

"당사자(퇴역군인)가 당황형게 옆자리 낚시꾼이 병원에 따라간다 했더니 극구 마다허고 저 혼자 처녀를 데리고 갔다."

"츠암나 이상시럽고만. 그거 미필적 고의에 의한 상해죄 아녀?"

그러자 P가 노총각 J를 점잖게 나무랐다. 세상을 그런 눈으로 보니까 장가를 못 간다고. 난데없이 장가 타령이냐고 J가 투덜대자, 군인이 그 처녀를 꼬여서 얼마 전에 결혼했다는 것이었다. 세상에는 그런 억지스러운 인연도 있나 싶어 P의 말을 믿지 못하는 눈치였다. P는 사실이라고 복복 우겼고 다른 이들은 그런 인연이라도 만들어서 장가 좀 가라고 J에게 을러멨다.

L이 역시나 말본새 없이 한마디 내던졌다.

"여자를 만나면 무조건 자빠트리고 시작혀 봐."

그러자 P가 대경실색하며 두 손을 내저었다.

"가르칠 걸 가르쳐야지. 형수한테는 통했을랑가 몰라도 지금은 쇠고랑 찬당게."

좌중은 이런저런 얘기를 주고받으며 찌개를 안주로 맹물을 잘도 마셔댔다. 몇 순배가 더 돌았을까. 어느 순간부터 그들이 마시는 것은 더는 물이 아니었다. 부딪는 잔마다 알코올인지 그 이상의 것인지 모를 만큼 주도를 제대로 갖추는 자세로 비척이기 시작했다. 슬슬 눈동자가 풀려갔다. 뇌와 소화기관에서 술로 접수했는지 화장실을 뻔질나게 들락거렸다. 주룩주룩 쏟아지는 빗줄기도 한몫했을까. 마시는 행위만으로 물이 술처럼 느껴지는 일종의 플라세보 효과, 그보다 더 확실한 임상적인 반응이 또 있을까 싶을 정도로 다들 취기가 올라 얼굴이 불그죽죽해졌다. 가난한 애주가가 막걸리 마시듯 맹물을 꿀꺽꿀꺽 넘기며 술 고픔을 달랬다는 얘기는 문학작품에서나 읽었지 실제 맹물에 제대로 취하는 꼴은 혜순 씨도 처음 보는 일이었다.

휘청거리며 화장실에 다녀온 Y도 바지춤을 추어올리며 한마디 했다. 장례식장에서 만난 친구가 곤드레만드레 취해 달라붙어 지랄용천하여 혼났다고 했다. 주사라면 네 놈도 만만치 않다고 종주먹이라도 날리고 싶은 그들이었다. 친구 놈이 데려다 달라면서도 일어나질 않아서 멱살을 끌어다가 겨우 차에 집어넣었더니 몸태질하며 난리를 쳤다는 것이다. 어두컴컴한 도랑에 휙 내던져버리고 오지 그랬느냐고 P가 말했다.

"그러지라? 나도 머리꼭지가 돌아 도저히 책임질 수 없더

랑게."

"그러면 누가 책임진당가?"

"그건 어디까지나 국가적인 문제지."

"국가?"

"그라지. 국가라 판단혀고 경찰서 앞에 떨구고 왔지라."

"허! 국가가 뭔 죄여? 갸를 낳기를 혔나."

물이 위장에서 발효돼 도수가 더 높아진 걸까. 넷은 말술이나 마신 것처럼 흥청거리는 폼이 가관이었다. 한껏 허세스러워진 그들을 보며 혜순 씨는 참 별일도 다 있다 싶었다.

"취했네. 해장으로 라면이라도 할랑가?"

L이 바닥난 냄비를 들고 일어나는데 그 역시 휘청거렸다.

비 오는 날의 분위기와 순수한 물과의 화학 반응은 눈도 얼음도 아닌 술이었다. 그 기이한 현상은 음주의 역사가 빚어낸 그들의 루틴 달성이었을까. 강호에 묻혀 사는 설늙은이 같은 남자들은 반나절 동안 마신 물로 거나하게 취해 휘우듬하게 흔들리는 걸음으로 돌아갔다. 술이 아니면 터진 입도 당최 열지 못하는 뚱한 남자들의 수다. 과연 그들이 마신 물의 도수는 몇 도쯤이었을까?

백그라운드

 농사짓던 너른 들에 신도시가 들어섰다. 대형 쇼핑몰이 생기고 그 귀퉁이에 작은 컨테이너가 영업을 개시했다. 복권이나 과자, 음료수 등을 파는 가게. 주인은 배우 마동석만큼이나 몸집이 커서 전직이 뭐였을까 의구심이 들지만, 그 배우처럼 순해 보이는 구석도 있었다. 쇼핑몰에 붙은 혹 같은 작은 가게와 한 덩치 하는 주인. 좀 어울리지 않았다.
 더한 불균형은 남자와 작은 수탉이었다. 남자의 주먹만 한 수탉이 벼슬이며 꽁지며 있을 건 다 있는 게 신기했다. 깃털은 화려했고 반들반들한 게 야드로인형처럼 예뻐서 지나가는 사람의 시선 끌었다. 남자는 평소 '외국에서 데려온 꽃닭'이라며 자랑했다. 태국이라던가. 그들은 늘 붙어 다녔다. 그 거리의 명물이라고 할 만했는데 그게 단지 닭 때문인지, 닭과 남자의 불균형 때문인지 알 수 없었다.

닭은 남자 옆에 늘 붙어 있었다. 남자가 걸으면 잽싸게 일어나서 거만하게 뒤를 따랐다. 수탉의 잦은걸음에 살집이 보통을 넘는 남자의 행동은 더 굼떠 보였다. 서커스단원 같은 묘기가 없어도 그들의 조합만으로 절로 웃음이 났다. 그런데 그 조그만 게 성질이 고약했다. 아이들이 지나가면 날듯이 쫓아가 질겁하는 아이를 더 멀리 쫓아버리고는 으스댔다. 이유는 없었다. 일종의 '묻지 마' 추격인데 어른을 상대로 달려드는 일은 없었다.

화창한 봄날, 정오 무렵. 식당이 많은 쇼핑몰 뒷길은 북적이고, 남자와 닭이 있는 정문 쪽 인도에는 오가는 사람이 거의 없었다. 한가로운 거리는 그들 독무대였고 어떤 극의 서막 같은 분위기였다. 빨간 플라스틱 의자에 앉은 남자와 의자 아래에서 낮잠을 즐기는 닭. 등받이도 없는 의자가 남자의 덩치로 찌부러질 듯 위태로운데 보는 사람만 불안할 뿐이고 그들은 태평세월을 구가하고 있었다.

산들바람을 타고 오듯 저만치에서 노란 베레모를 쓴 아이가 오고 있었다. 아이의 할머니로 보이는 중년 여인이 뒤따랐다. 남자아이는 네댓 살이나 됐을까. 뭐에 신이 났는지 고개를 좌우로 흔들며 자기가 지어낸 듯한 노래를 불렀다. 맑은 햇살 아래 아이 모습이 애니메이션 한 장면 같았다.

그때 닭이 슬금슬금 아이 곁으로 다가왔다. 아이가 신기해서 소리쳤다.

"꼬꼬닭이다!"

그러자 닭이 날개를 반쯤 펼치고 아이에게 달려들었다. 아이가 혼비백산하여 달아나자 닭은 날개를 활짝 펴고 날아서 아이를 쪼았다. 할머니가 '저놈에 달구 새끼가!' 하면서 달려갔고 닭은 그때서야 슬그머니 발길을 돌려 남자한테로 갔다. 남자는 닭의 의기양양한 모습을 보며 시치미 떼듯 보일락 말락 한 미소를 감췄다.

할머니가 놀라 우는 아이를 끌어안고 남자를 노려봤다. 닭을 말리거나 혼내 주거나 닭 주인으로서 미안하다고 할 줄 알았는데 짐짓 못 본 척하자 할머니가 남자에게 쏘아붙였다.

"뭔 저런 싸가지 없는 달구 새끼를 길거리에 풀어놓고."

"그 쪼그만 것이 한 걸 가지고 뭘 화를 내유."

"우리 애가 놀랐는디도 그렇게 말하요?"

"상처 난 것도 없잖유."

아주 느린 어조로 남자는 닭 편을 들었다. 할머니는 더 화가 났다.

"깃덩어리가 막히네."

너무 기가 막혀서 기가 덩어리처럼 커졌다는 얘기일까. 하긴 주먹만 한 닭이 아이를 얕잡아보고 위협하는 게 기막힐 일이다. 남자는 무표정으로 먼 곳을 바라봤고 닭은 무슨 일이 있었냐는 듯 남자 옆에 정물처럼 앉아 있었다.

아이를 놀라게 한 닭보다 닭 주인이 더 얄미운 할머니는 아이가 울음을 그쳤어도 그 자리를 떠나지 못 했다. 그러다 할머니는 보고 있던 나에게 다가오면서 동조를 구하듯 말했다.

"돼지 같네그려."

닭이 돼지 같다는 말은 아니었을 테다.

무시에 가까운 무반응 남자를 어쩌지도 못하는 할머니에게 그 자리를 뜰 수 있는 명분을 주고 싶었다. 그럴 때 일진이 나빴다고 생각하시고 그냥 가세요, 라고 말하면 가기는 하겠지만 분이 풀리지 않을 거 같았다. 성이 덜 풀린 할머니 말에 나도 한마디 거들었다

"그 쪼그만 것이 한 걸 가지고 화를 내냐고? 덩치 큰 저는 뭐여?"

"그러게요. 사람보다 닭이라는 건지."

세태까지 들먹이면 좀 그런가. 드디어 반려견의 시대는 가고 반려계鷄의 시대가 오나 싶었다. 그들과 건널목을 건너고 헤어지면서 아이에게 손을 흔들어 주었다. 아이도 손을 흔들었다.

손자를 예뻐하면 할아버지 수염을 잡아당긴다더니. 닭이 버르장머리를 논하기엔 인간으로서 불편하지만, 어찌 되었든 닭의 버릇을 부추긴 건 남자다. 큰 것과 작은 것에 대한 분별력으로 스타라도 된 양 관객 환호의 맛을 아는 닭. 인간도 빽이 든든하면 천지 분간 못 하는데 닭은 만물의 영장인 인간이 백그라운드여서 기고만장한 건가.

조금만 더 같이 있게 해주소서

그날따라 S의 표정이 어두웠다. 나보다 열 살 적은 S는 생각도 비주얼도 세련된 분위기가 느껴지는 사람이다. S는 조심스럽게 말을 꺼냈다. 80세 된 친정엄마가 목하 연애 중이라고. 상대는 십 년 전 혼자 된 95세 어르신이란다.

엄연한 솔로들의 만남. 법적으로 윤리적으로 아무 이상 없는 관계다. 그런데 왠지 켕기는 나의 이 기분은 뭔가. 듣는 순간 사건 하나를 접수하는 기분이었다. 우선 그분들 나이에 놀랐다. S의 어머니 얘기라는데 또 놀랐지만 차마 내색할 수는 없었다. S는 엄마가 남자 생기면서 딸의 감정 따위는 안중 없다며 불만을 토로했다.

"엄마 남친이 생겼다고 해서 식사 초대를 했는데…."

"잘했네. 역시 그대답다."

"그런데 그게 아니었어요. 우리가 보는데도 딱 붙어 앉아서 수시로 스킨십을 하시더라구요."

"그런 감정이 생겼다는 건 축하할 일이네."

"첫사랑처럼 설렌대요. 그러다가 격한 감정에 쇼크라도 받을까 봐 걱정된다니까요."

"그런 쇼크도 있나? 에두르지 말고 본질을 얘기해."

"남자친구까지는 이해하려고 했는데 이성 관계잖아요!"

이성 관계라. 순간 '그 연세에 이성이면 어떻고 동성이면 어떠냐?'라는 말이 불쑥 튀쳐나올 뻔했다. 엄연히 남녀인데 연세를 이유로 성을 뭉뚱그린다는 것은 무례한 것 같았다. 내친김에 쏟아내겠다는 투로 S는 점점 흥분했다.

"그렇게 당당할 수가 없어요."

"이런 드라마 대사 알어? 사랑한 게 죄는 아니잖아!"

"죄는 아니죠. 그러나 팔십과 백은 너무한 거 아니에요?"

엄마의 남자를 시원하게 받아들이지 못하는 S. 어머니도 여자고, 이성과 사랑할 수도 있는데 자식은 너그럽지 못했다. 신은 모든 곳에 있을 수 없기에 어머니를 만들었다는 말처럼 어머니를 신에 비등하는 존재로 대하면 어려울 수도 있을 거다. 사실 위반도 금지할 사항도 아닌데, 결국은 나이였다. 성인의 자격이 차고도 넘치는데 영화 〈금지된 장난〉

의 5살 11살 주인공처럼 느껴지는 것은 왜인가. 자식은 부모가 자식을 대하는 태도보다 더 엄격하고 거기다 복잡하기까지 했다.

연로하신 부모가 이성을 만나고 결혼한다면 진정한 마음으로 지지할 수 있는 자식은 얼마나 될까. 그 점에서 자식들이 제일 꺼리는 부분은 재산이다. S 어머니의 연인 95세 남자분은 여생에 필요한 만큼 재산은 남겨두고 자식들에게 상속했거나 뜻있는 곳에 희사하고 혼자 살고 있다. 생활공간을 최소화하고 단순하고 의미 있게 살고 싶다고 했다. 사랑도 경영 대상이 된 시대. 재산 문제로 자식이 반대하는 일은 없을 테고 어머니도 뭘 요구할 마음이 없으니 서로 연애할 자격을 갖추었다고 해도 될까.

두 분이 대단히 젊게 보이진 않아도 연배보다 얼굴빛이 확실히 맑다. 그들은 건강검진에서 우수한 성적을 냈다. 실제 나이보다 생물학적 나이가 한참 아래였다. 어쩌면 연애 감정이 만들어낸 예술작품일지도 모르겠다. 새로운 에너지가 생겼을 테니까. 그분들 뿐만 아니라 남녀가 만나 불꽃이 튀기면 감정에 따른 육체적 행위는 현재진행형인가? 하는 의문은 누구라도 생긴다. 요즘은 "잤냐?"라고 서슴없이 물어본다. 물론 자는 것도 스타일이 문제지만, 이 글을 읽는 이를 대신해서 작가 정신으로 물어볼 수 있다. 당신들이 얼마나 멋진 삶을 사는지 스스로 자랑스럽게 말할 수 있는가를.

손을 잡고 입맞춤하고 더 이상의 행위로 진전이 되든 안 되든 그들은 역주행을 꿈꾸는 건 아닐 게다. 지나간 것은 없는 것이며 다가올 날을 미리 당기지 말고 현재에 충실한 분들. 중요한 것은 지금이다. 표현할 수 있는 것만이 진실일 것이다. S의 어머니는 행복해 한다. 에너지는 하강할수록 다른 측은지심이 생긴다 했다. 그런 그들의 사랑을 굳이 해석해야 하는가. 어머니의 또 다른 리즈 시절은 어쩌면 지금일지도 모른다.

두 분의 관계를 희한하게 보거나 무턱대고 반대할 일은 아니다. 남자 나이 95세. 인간에게 백에 가까운 숫자는 뭔가를 초월한 것 같지 않은가. S보다 10년을 앞선 채 그분들 나이로 질주하고 있는 나는 적극적으로 응원하고 따뜻한 시선을 보내고 싶다. 그러나 두 분의 사랑에 대하여 젊은이들은 더 부정적인 시각일 수 있다.

헤밍웨이의 《청결하고 불빛 환한 곳》에 이런 내용이 있다. "모든 테이블이 텅 비어 있는 카페. 지난주 자살에 실패

한 노인이 술잔을 두드려 웨이터를 부른다. 젊은 웨이터가 귀먹은 노인이 빨리 가주기를 바라며 자살에 성공했어야 했다고 투덜거린다. 바라보던 나이 든 웨이터는 노인의 심정을 이해할 것도 같다. 자기도 카페에 늦게까지 있고 싶은 사람 중 하나라며. 이해 못 하고, 안 하는 젊은 웨이터도 세월이 흐르면서 외로움을 만날 테고 그때는 깨닫게 될지도 모른다."

인생 그 자체가 간단하지 않다는 것은 주관과 객관의 차이가 만들어낸 것인가 싶었다. 한 치 건너인 나는 너그러울 수 있었다. 자식인 S의 감정은 여전히 썩 긍정적이지 않았다. 그러면서도 S는 어머니 연인의 남은 날을 아쉬워했다. 어머니가 또 혼자 남겨질 상실감이 가장 큰 걱정이라면서. S에게서 어머니의 기도를 들었을 때 가슴이 먹먹했다.

"늦게 만난 우리가 일 년이라도 아니 조금만 더 같이 있게 해주소서."

녹두밭 윗머리

여고 동문 문예지를 보다 웃음이 터졌다. 집안 촌수로는 할머니, 동창으로는 선배의 글에서였다. 선배가 다니던 영어학원 원장은 온 힘을 다해 가르쳐도 수강생 실력이 늘지 않자, 강한 남도 사투리로 말했다.

"환장허긋네잉. 이것은 쩌기 토끼 발맞추는 동네 '낭산' 아그들도 다 알 것구만잉?"

다른 수강생들은 웃었지만 선배는 뒷자리에서 얼굴이 벌겋게 달아올랐다 했다.

원장의 말은 논리에 맞지 않는다. 말투로 봐서 외지에서 온 게 분명하지만, 사정을 몰라도 너무 모르는 얘기다. 토끼가 발맞춘다면 산골에나 있는 얘기이고 선배가 영어 회화를 배우는 시점엔 '아그들'은 외지로 나가고 거의 없었다. 내 고향 '낭산'이 그 정도로 시골이며 낙후됐다는 얘기인가. 예나 지금이나 별로 내세울 게 없는 마을. 산도 강도 바다에서도 먼 마을. 오로지 논만 있는 마을. 인구 대비 너른 들도 못 되는 마을. 그러하더라도 쌀이 돈이었던 시절에는 그럭저럭 괜찮은 곳이었다.

  집안 아저씨뻘쯤 되는 분이 입버릇처럼 했던 말이 있다.

"녹두밭 윗머리 같은 동네여."

  녹두는 자갈밭이나 거름기 없는 메마른 땅에 심어도 자라는 작물이다. 그 녹두밭보다 더 위에 있는 밭이면 말해 뭐 할까. 비가 와도 다 새 나가는 척박한 땅 녹두밭 윗머리. 무얼 심어도 안 되는 땅이다. 각박한 현실에 대한 불만의 표현이었을 게다. 지금 생존한다면 100세를 넘겼을 테니 전쟁을 치르고 먹고사는 것도 어려웠던 시절을 사신 분이다. 젊은 혈기에 답답해서였을까. 입버릇처럼 고향을 떠나고 싶다던 아저씨는 쉰 살이 넘어서도 그 말을 버리지 못했다. 말이 씨가 되었는지 어쨌든 돌아가신 곳은 서울이다.

  그분이 노년에 떠난 '녹두밭 윗머리'를 나는 열세 살에 떠났다. 중학교에 가면서 자연스럽게 그리됐지만 늘 그리웠다. 계절이 오고 갈 때마다 유난스럽게 향수병을 앓으면서도 가지 못하고 살았다. 오십 년도 더 지나서야 겨우 동창회를 핑계로 일 년에 한 번 정도 고향에 가곤 한다.

고향에 갈 때면 함열역이나 익산역에 내려 버스를 탄다. 함열역에서 십 리, 내가 살던 동네 '대메'까지 걸어 다니던 시절을 회상하며 '시거리(세거리) 다리'에서 내려 걷는다. 타지 사람이야 시거리 다리를 알 리 만무하지만 고향 낭산을 오래전에 떠난 사람도 기억하는 다리다. 멋지고 큰 다리여서가 아니다. 먼 옛날에도 근방 청춘 남녀의 약속 장소도 못 됐을 것 같은 작은 다리. 명명할 만한 장소가 없는 평지에 2차선 신작로를 가로지르는 다리랄 것도 없는 다리다.

내가 고향에 갈 거라니까 미국에 사는 언니가 영상 하나를 보내왔다. '시거리'에 있는 짜장면집이라면서 꼭 가보고 얘기해달라고 했다. 무던히 고향이 그리운가 보다. 짜장면집은 옛날 이발소가 있던 곳이었다. 별로 변한 게 없으니 금방 알아볼 수 있었다. 엄마가 집을 비운 사이 아버지가 내 긴 머리를 상고머리로 잘라버렸던 이발소가 있던 자리였다.

아버지는 엄마와 충돌을 예상하고도 내 머리를 사내애처럼 잘랐고 내 머리 스타일에 맞춘 것처럼 옷과 세발자전거도 사 오셨다. 1950년 말에 여자애에게 세발자전거를 사주었다는 것은 내가 아들이었으면 하는 아버지의 마음이었는지도 모르겠다. 그러니까 내 스타일은 순전히 아버지 취향이었다. 그때 이발소에 데려간 아버지와 내 모습. 흑백영화 한 컷이 스쳤다. 그곳에 짜장면집이라. 어느 해 태풍에 간판이 떨어져 나간 채였다. 미국에서도 알아보는 곳이라니 내 고향에서는 명소인 건 맞는데….

시거리부터 '낭산면 삼담리'이다.

햇볕이 내리쬐는 낮은 집들의 넉넉한 간격, 지금 막 물청소를 마친 듯 깨끗한 신작로(아스팔트), 그 길을 따라 오른쪽으로 펼쳐진 풍성한 들녘. 푸른 물고기가 유영할 것 같은 하늘. 그 어디보다도 청정한 곳이다. 지붕 모양이 달라지고 집 모양이 달라졌지만 마을 전체 분위기가 나지막한 건 예나 지금이나 별로 다르지 않다. 나도 모르게 걸음이 느려진다. 상전벽해가 아니어서 다행이고 어쩌다 보이는 이층집도 삼 층이 아니어서 다행이다. 참말로 발전이란 말이 무색하게 변한 게 없다. 땅값이 요동치고 뉴타운 개발로 소용돌이칠 때도 먼 나라 얘기였을 딴 세상.

마을을 지나고도 한참을 걸어야 다음 마을이 나타난다. 옆 마을과 우리 마을 사이의 간격은 막과 막 사이 내레이션처럼 이야기가 있을 것 같다. 양쪽 마을을 낀 거대한 테라스라고 해도 좋았다. 마을 하나를 지나면 내가 살던 곳의 뒷길을 우리는 '뒷재'라고 했다. 산이 없으니 재라는 말은 맞지 않는다. 아니 오래전에는 낮은 산이라도 있었을지 모른다. 마을 뒤에 대밭이 있어 '대메'라는 지명을 얻었지만 지금은 대밭 흔적은 희미하다.

인적이 거의 없는 뒷재를 걷다 보면 오래 겪어도 익숙해지지 않는 밀집의 압박감에서 풀려난 듯하다. 으리으리한 고층 빌딩도 새 건물도 멋있지만 평평한 들판도 나지막한 집들도 도심에 사는 사람에겐 위안이 된다. 빈터는 물론이고 확 트인 시야마저도 필사적으로 가려야 직성이 풀리는 도시의 속성에 비하면 얼마나 여유롭고 맑은가. 아! 이 평온함. 모든 게 안단테다.

발전에 따른 오염이 없는 청정 지역. 사계절 색깔이 자연 그대로인 곳. 눈이 내리면 대지와 낮은 집들이 수평을 이루어 하얀 세상이 되어 시간이 멈춘 듯하다. 자랑할 일인가 싶다가도 사는 분들에게는 미안한 마음도 있다. 발전을 원하는 분들이 더 많을 테니까. 돈 될 것이 별로 없으니 인구가 주는 건 어쩔 수 없는 현상이라고 말하기에는 나도 죄송하다. 이바지하는 바가 없으니 말이다.

내가 박완서 작가쯤 됐더라면 브랜드가 될 수 있을 텐데…. 서푼이나 벌던 시절엔 언젠가 고향으로 돌아가서 봉사하는 마음으로 이장을 해볼까 했던 꿈도 자격 미달이고 작가로서의 귀향도 역량 부족이다. 고향 발전을 기대하면서도 성장하지 않음에 대해 또 안도하는 아이러니. 변화를 좀 비켜 가면 어떠랴. 녹두밭 윗머리여서 내게는 더 슬프도록 아름다운 것을.

다시 그 광장에 서서

 익산역에 내려도 내 고향에 가려면 오십 리를 더 가야 한다. 그날도 버스 안내판에는 준비 중이라고 했다. 세 사람을 마저 태운 다른 노선버스가 눈앞에서 사라지고 혼자 남은 정류장. 노선도 드문데다 주말이라 혹시 안 올지 모르는 버스를 기다리며 불현듯 그 시절이 생각나 애틋해졌다. 지금은 익산역으로 바뀌었지만 나는 이리역 세대다.

 그해 4월, 눈부신 어느 봄날. 대선 후보의 유세로 역 광장에 인파가 몰려들었다. 사람들은 후보가 잘 보이는 자리를 차지하려고 부산스레 움직였다. 그러자 광장을 자기 집 마당처럼 여기던 '마동 미친 여자'가 흥분했다. 봉두난발에 고목 나이테처럼 옷을 껴입어 잘 걷지도 못하는 여자는 네댓 살쯤 되는 아들을 데리고 광장 밖으로 밀려나고 있었다. 다른 때 같으면 아이 가까이만 가도 신경질을 부리곤 했는데 그날만큼은 그녀도 어쩌지 못했다.

 밀려드는 사람들을 제치고 전진해서 나는 맨 앞자리에 섰다. 투표권도 없는 여고 2학년생이었다. 그 순간 고지라도 탈환한 듯 가슴이 벅찼다. 광장은 지역 차별이 만든 또 다른 피지배 계급의 열기로 끓어오르고 있었다. 메시아를 기다리는 심정이라고나 할까. 소외와 무시와 독재에 저항하는 민중에겐 그야말로 축제였다. 나도 악을 쓰며 손바닥이 터지도록 손뼉을 치며 정치와 사회적인 오르가슴으로 짜릿했다. 그렇게 광장 열기는 뜨거웠다.

 유세가 끝났어도 사람들은 쉬이 그 자리를 떠나지 못했다. 내가 지지하는 후보로 판세가 기울었다고 안도하며 돌아가는 길. 정신을 차리고 나니 축제가 끝나고 난 뒤 허탈감 같은 건 문제도 아니었다. 교문이 보이자 광장에서의 용기는 어디로 가고 내 발길은 비굴해졌다. 선생님 눈을 피해서 교실 앞까지 왔으나 곧바로 교무실행이었다. 교무실 한가운데 선 나. 직사포로 날아오는 다양한 페널티. 퇴학이라도 시킬 분위기였다. 선생님들은 체육복 차림이었던 나를 아래위로 훑어보며 한마디씩 했다.

 "그래도 교복은 갈아입으셨구만."

"아주 작정했구나. 너 투사될래?"

수업 시간에 땡땡이치고 유세 판에서 설친 뒤 남은 것은 되바라진 문제아였다. 공부도 교과서도 멀었고 신문과 책을 더 많이 봤던 내게 그런 점도 없진 않아서 억울하지는 않았다. 겁은 많아 며칠간 사는 게 사는 것 같지 않았다. 다음 날도 그다음 날도 교무실에 불려갔고 그때마다 반성문을 썼다. 반성할 것은 한 가지인데 요구하는 것은 오만가지였다. 그것으로 면죄부를 주려 했던 걸까. 당연히 처벌이 내릴 거로 생각했는데 어떤 처벌도 가해지지 않았다. 어느 선생님은 실실 웃었고 어느 선생님은 이건 '도둑 영화나 땡땡이' 차원이 아니라고 엄포를 놓았는데 목소리만 컸다. 누구도 정치적인 편향에서 벗어날 수 없다면 선생님들도 마찬가지였을까. 거기에 지역적인 감성까지 보태져 나의 일탈은 무사히 지나갔는지도 모른다.

군중의 함성이 불꽃같이 타올랐던 그때의 순간이 스치며 가슴이 뜨거웠다. 그 자리에 있었지만 지금은 거기에 없음이 돼버린 내 십 대의 광장. 청춘과 열정은 휘발되었어도 그림자라도 남아서 광장 어디쯤 있을 것 같았다. 가슴 설렜던 그곳, 그 순간, 내겐 처음 서 본 광장이었다. 하지만 정치적인 생각을 행동으로 표현한다는 것이 얼마나 용기가 필요한 것인지 그때 알았기 때문에 짐짓 외면하는 척하면서도 때때로 속을 끓였다.

정치적으로 격렬했던 시대. 돌아보면 몇몇 광장이 있다. 군중이 운집했던 광장은 들뜨고 거칠었고 성지보다 더한 메카였다. 그 열기로 험난하고 긴 강을 돌고 돌아 내가 바라던 자리에 그분이 섰을 때 나는 열광하지 않았다. 광장에서 거리에서 오로지 한 곳을 바라보는 열정이 단순한 것이었다면 이룬 뒤에 오는 감정은 대조적이었다. 나무랄 것이 없어서만 아니고 썩 좋은 지도자로 남아야 한다는 염원은 나를 무겁게 했다.

시간의 강이 흘러 병 앓이로 내가 병원에 누워있던 그해 8월, 그분이 가셨다는 소식을 들었다. 마침 문병하러 온 거래처 사람이 티브이 화면을 보면서 "내가 저 자를 제거할 수 있을 위치에 있을 때 죽이지 못한 게 천추의 한이다."라고 했다. 나도 모르게 짧은 비명이 새어 나왔다. 평소 인정 많고 수수한 사람이라고 생각했는데 죽음 앞에서도 그런 표현을 서슴지 않는다니. 우리에게 정치적인 편향과 지역감정 벽이 얼마나 높은가. 아직도 그대로인가 싶었다. 그 위치라는 것이 사람 하나쯤은 맘대로 죽이고 살릴 수 있는 무소불위의 권력이라면 그 힘으로 국민을 아우르라는 뜻도 있을 텐데….

이런저런 상념이 스쳐 지나갔다.

주변을 둘러싼 건물 없이도 둥근 하늘과 넓은 공간만으로도 의미를 다 했던 광장은 예전 모습이 아니었다. 교통 편의를 위한 공간으로서만 존재하는 걸까. 조형물이나 이런저런 시설로 잘게 나뉜 역 광장은 이미 광장의 면모를 상실한 상태였다. 작은 트럭을 개조한 잔망스러운 차에서 후보 혼자 떠드는 시대. 군중을 잃은 원색 점퍼들의 유세는 그저 한 표를 얻기 위한 요즘의 기준일 테다.

돌아오지 않을 빛나던 시절의 광장. 시간이 흐른다 해도 희미해지지 않을 기억이라 더 소중하고 아름답게 느껴지는 걸까. 인생에 어게인이 있다면 그 시점에서 감히 다시 시작하고 싶은 갈망이 내 안 어딘가에 똬리를 틀고 있는지도 모를 일이다.

오지 않을 것 같았던 버스는 해가 뉘엿해서야 나타났다.

낭만에 대하여

 벚꽃이 지고 있었고 산책길은 온통 연분홍이었다.
 꽃잎은 발치에 나풀거리고 머릿속에선 궤도를 벗어날 것 같은 매혹적인 어휘들이 나를 흔들었다. 꽃잎을 두 손에 모아 담아 후! 불면 날아가는 꽃잎처럼 가벼이 떠날 수 있을까, 하는 물음이 걸어도 걸어도 떠나질 않았다. 이대로 더 푸를 남쪽 어딘가로 떠나고 싶었다.
 마음이 통했던 걸까. 다음 날, K가 핸드폰만 가지고 나오라고 전화했다. 입고 있던 옷 위에 트렌치코트만 걸친 채로 튕겨 나가듯 엘리베이터를 탔다. 말 한마디에 그렇게 민첩하다니. 내 몸 어딘가에 태엽을 잔뜩 감아 두었거나 바람 주머니를 달아 두었나 싶었다. 가족에게마저 거칠 게 없는 처지가 됐으니 이대로 나가서 긴 여행이 된다 한들 무슨 문제가 될까. 느슨해졌다는 게 때로는 얼마나 편한 것인지.

꽉 끼는 청바지가 그런대로 잘 어울리는 K옆에는 한껏 차려입은 C가 있었다. 하늘거리는 코발트블루 블라우스에 상아색 통바지. 거기에 넓은 에나멜 벨트로 졸라맨 허리가 좀 신경이 쓰였다. 그 어떤 날보다 C의 메이크업은 더 두꺼웠다. 그들은 남쪽으로 간다고 할 뿐 목적지도 일정도 정하지 않았다고 했다. 가는 곳이 어디면 어떠리. 그저 찬란한 봄날에 떠날 수 있다는 사실이 고사 직전인 가슴에 설렘의 생명수를 뿌려 주었다.

차 안에서는 통통 튀듯 왈츠곡이 피아노 건반에서 구르고 있었다. K가 여행 콘셉트를 급조했다.

"어디로 가는지 묻지 마."

'어디로'는 단지 궁금할 뿐 '묻지 마'처럼 묘한 느낌은 없다. 얼핏 사회적인 분위기로 봐서 탈선의 의미처럼 들릴지도 모르겠다. 나는 어쨌든 '묻지 마' 여행을 떠나고 있고 그것이 탈선이라 해도 좋았다. 어디로 가든 며칠 걸리든 알고 싶지 않았다.

우리는 가끔 만나 걷거나 차를 마시는 사이로 좋은 관계를 맺고 있다. 정기적인 만남도 없고, 특별한 날이나 집안 행사도 서로 합의하에 챙기지 않는다. 즉흥적으로 뭔가를 제시하고 거절당해도 아무렇지 않은 관계. 그날처럼 바로 일어나 어디로 튈지 모르는 상태로 돌변한 횟수는 손을 꼽을 정도인 사이. 그 감응으로 운동을 더 하고, 돈을 더 열심히 벌고, 누구는 죽어라 글을 썼다.

그 봄은 기상이변이라고 뉴스마다 난리였다. 개나리가 하루 사이에도 미친 듯이 피고 잎도 깜짝 놀라서 돋아났다. 어느 시인은 울안의 나무란 나무, 풀씨란 풀씨 모두 음모를 꾸미고 있다더니 드디어 반란을 일으키고 말았다고 했다. 그러나 남쪽으로 가는 길은 곧 평정으로 다가왔다. 남쪽은 이미 신록이 온 세상을 덮고 있었다. 내 유년 시절과 젊음이 있었던 고향을 지나 더 남쪽으로.

슬로우시티 증도, 아담하여 안도했다. 야트막한 산에 올라 조붓한 길을 걷노라니 보드라운 바람결에 몸이 가벼워졌다. 꽃잎이 함박눈처럼 흩날리고, 어깨 위로 햇살이 따스하게 쏟아졌다. 알지 못했던 행복감이 경이로운 포옹처럼 나를 감싸안았다.

거리를 바라보는 순간 갑자기 온몸이 환희로 가득 차네.
약 이십 분간 그것은, 오! 위대한 행복

예이츠가 말했던 위대한 행복이 이런 것인가.

가무스름한 갯벌에 무리를 이룬 갯삐비 꽃이 벨벳 융단 같았다. 바람이 스칠 때마다 은빛으로 일렁이며 반짝였다. 그대로 벨벳 위를 걸어 석양을 따라가고 싶었다. 지평선 붉은 노을에 넋을 빼앗긴 몽환 상태로 늑대에게 물려 죽을 줄 알면서도 노을을 따라간다는 '시베리안 히스테리' 같은 증세가 내게 온 건가. 풍경이 그대로 멈췄으면 했다.

그곳에서 조금은 쓸쓸하게 늙어가며 특별하지 않은 일기를 쓰며 살면 어떨까. 한 친구는 거기서 아이를 낳고 살고 싶다 했다. 아늑한 풍경과 해풍으로 시르죽은 여성성이 살아나 애가 만들어지기나 한다면야 반길 일이다. 증도에서 낳았으니 아기 이름은 증도이고 아명은 짱뚱어. 짱뚱어 엄마라고 불러 달라고 했다. 어림도 없는 소리에 웃지 않을 수 없었다. 지나가 버린 세월에 대한 허탈감만큼이었을까. 웃음소리가 유난스레 컸다. 아직은 아니, 영원히 여자이고 싶은 늙은 여인의 얼굴이 노을빛에 발그레했다.

아무리 기분 터질 듯해도 여행에서 남는 건 잘 먹는 것이다. 낚싯배를 가진 꽁지머리 아저씨네 식당은 일반 가정집에 가까운 분위기였다. 아저씨는 고기를 잡았고 그의 아내와 딸은 음식을 만들었다. 그들이 추천하는 대로 차려진 상은 바다와 육지가 파랗게 펄떡거렸다. 생선과 채소는 달고 싱싱했다. 갓 지은 밥이 맨 먼저 우리에게 온 것마저도 행운처럼 느껴졌다.

섬의 밤은 아무것도 보이지 않았다. 그 어둠이 오히려 나를 감싸듯 평온한 기분은 무엇인가. 암흑 속에서 느끼는 자유. 우리는 아주 무례했고, 무알코올인 K와 나도 알코올 힘을 빌린 C보다 더 고래고래 소리 질렀다. 누가 그랬는지 "활짝 핀 꽃도 혼자 보면 눈물이 나."라고 했고 우리는 그 말에 깊이 동조했다. 그 순간 셋이면 세상을 맘대로 휘저을 수 있을 것만 같았다. 방향도 없는 검은 바람을 안고 목이 터지라고 노래를 불렀다.

"왠지 한 곳이 비어 있는 내 가슴이 잃어버린 것에 대하여~ 낭만에 대하여~"

비틀거리고 고꾸라져 길에서 길게 두 다리를 뻗고 앉았다. 그리고 양팔을 벌린 채로 무슨 이유인지도 모른 채 어둠을 향해 미친 듯이 웃었다. 계획 없이 우발적으로 떠났다는 사실 때문이었을까. 여태껏 누리지 못했던 다른 자유가 그 섬에 있었다. 우리는 밤새 파도 소리를 들었다.

이름에 관하여

"제 이름은 남정인입니다. 남정임이 아닙니다."

그렇게 강조하는 것은 내 이름을 말할 때면 대다수가 '정임'으로 듣고 쓰기 때문이다. 부를 때도 마찬가지다. 그럴 때마다 재차 말하고 정정하기가 번거로워서 그냥 지나갈 때도 있다. 이름은 부르기 좋고 듣기 편해야 하는데 그 점에서 '정인'은 살짝 아쉽다. 그런 현상은 듣는 사람이 어떤 이름에 익숙해진 습관 탓이 아닐까 싶다. 그러다 보니 이름을 말할 때 제대로 못 알아들을까 봐 '인' 자에 힘을 주어 말하곤 한다. 그러고는 다시 강조한다.

"사람 인人 자 '인'이요!"

어질 인仁, 인데 그렇게 말해야 잘 알아들어서다.

나를 일컫는 말, 즉 이름은 나의 것이지만 남이 더 많이 부르고 쓴다. 제대로 불리지 못함에도 불구하고 나는 내 이름에 불만이 없다. 젊은 사람, 그러니까 40대 정도까지는 '인' 자와 '임' 자를 구분해서 듣는데 사십 대 후는 절반 정도가 '정임'으로 듣고 발음한다. 청각 능력에 따라서 그럴 수 있다. 내 나이대 여자 이름 중에는 '임' 자가 많고, 육칠십 년대 소위 1세대 트로이카라고 불리던 유명한 여배우 중에 '남정임'이 있어서 더 그런지도 모른다. 귀에 익은 이름이라 그럴 수 있다고 이해하면서도 '정임'이라고 하면 떨떠름하다.

삼천리 가스 요금 청구서에는 남정임이라고 쓰여 있어 몇 번 정정해 달라고 했는데도 6년째 시정되지 않고 있다. 내 이름이 아닌 것도 싫지만 나는 '임'보다는 '인'이 낫다고 생각한다. 어디까지나 나의 관점이다. 부르기 편하고 알아듣기 쉬운 이름이 사회적으로 성공한다는 속설도 있다. 그런 면에서 보면 정임이 더 좋은 이름일 수도 있다. 그렇다고 한들 바꿀 마음은 없다. 다른 이름도 생각해 본 적은 없다.

사람이 많이 모인 곳에서 호명할 때면 괜한 시선을 느낄 때도 있다. 이미 오래전에 가고 없는 '남정임'을 의식해서라면 내가 그녀의 미모에 미치지 못해 미안할 일이고, 아버지 뜻대로 예쁘고 부드러운 이름이라서였다면 고마울 일이다. 아버지는 내가 딸이라서 돌림자를 쓰지 않고 예쁘고 부드러운 이름으로 짓고자 하셨다. 항렬을 따른 큰언니 이름이 친구들에게 장난처럼 불리는 이유도 있었다. 특히 수학여행 갈 때면 신이 난 친구들은 언니 등을 두드리면 '전우야 잘 자라'는 군가를 부르고, 또 불렀다.

"전우의 시체를 넘고 넘어 앞으로 앞으로~ 낙동강아, 흘러가라 우리는 전진한다아~"

언니 이름은 '우' 자 항렬을 따른 '전우'다.

나는 약간의 불편을 감수하고라도 흔하지 않은 이름을 지어주신 아버지가 고맙다. 대신 내 아이가 태어났을 때 이름은 부르기 쉽고 듣기 쉬운 이름을 강조했다. 항렬도 따지지 말고 너무 큰 의미도 말고 흔하지 않은 이름이길 원했다. 그 당시 중국에는 최고 지도자로 일컬어지던 소평鄧小平(덩샤오핑)이, 일본에는 대평大平正芳(마사요시)이 있었다. 우리는 지리적으로 중간 위치에 있으므로 '중평'이라는 이름이 친정 쪽에서 거론됐지만 남편이 원하지 않았다. 우선 어감이 무겁고 올드하며 정치인 이름을 흉내 내는 것 같아서 싫다고 했다. 무안할 정도로 의사가 분명했다.

남편은 아버지가 되었다는 사실을 아주 무겁게 받아들이며 '한 번에 알아들을 수 있는' 이름에 비중을 두고 있다고 했다. 내 뜻을 첫 번째로 삼은 점에서 믿고 따르기로 했다. 사실 밤낮이 바뀐 아이에게 경황이 없어서 이름을 생각할 겨를도 없었다. 드디어 며칠 뒤 대단한 역작이라도 발표하듯 그가 아이 이름을 말했고, 나는 내 귀를 의심했다.

"자룡이 어때?"

나는 불에 덴 것처럼 깜짝 놀라 불같이 화를 냈다.

"뭐라고? 무슨 삼국지야?"

"듣기 쉽지 않아?"

"똑 떨어지는 중평이는 올드하고 정치색이 싫다며?"

"그러기로 말하면 중평이도 삼국지다."

한·중·일 해서 삼국지라는 말인지. 못마땅하여 자꾸만 구시렁거렸다. 올드하기로는 자룡이만 할까. 정치적으로 따지자면 조자룡만 할까. 왜 관우, 장비, 황충은 아니고? 은근히 친정 쪽 의견을 무시한 것도 그랬지만 단호했던 그의 표정도 마음 귀퉁이에 있었나 보다. 사실은 나도 그 이름이 썩 좋지는 않았다.

매사 그의 고집을 꺾을 수 없었으니 어물쩍 넘어갈 내가 걱정됐다. 그러나 나는 엄마 아닌가. 이름만큼은 고집의 싹을 잘라야겠다는 생각에 강하게 반격했다.

"1980년이 코앞인데 창 들고 싸우던 사람 이름을?"
"조자룡을 의식하고 지은 건 아닌데."
"안 돼! 곰팡이 풀풀 날리는 이름이잖아."

기원전 사람이 아니라 다행이라고 더 꼬집으려다 참았다. 그가 생각보다 빨리 후퇴해서였다. 어떤 문제든 따지고 드는 건 한치도 허용하지 않는 사람이 이름만큼은 신중했었나 보다. 기분 나쁘면 보이던 송곳니가 보이지 않았다.

그가 다시 고리타분하지 않은 이름에 초점을 맞췄다며 이름을 발표했을 때 0.1초 만에 수락했다. 왠지 세련된 느낌에 현대적이며 흔한 이름이 아니어서였다. 그저 어감만으로도 좋았다. 서하! 단지 받침이 없어 단단한 느낌은 좀 덜했지만 그만해도 마음에 들었다. 그가 한 일 중에 제일 잘했다고 칭찬했다. 우연히 만난 작명가는 아이 이름과 사주를 보고 어느 작명가 선생님이냐며 한 수 배우겠다고 했다. 그 말을 그에게 전하지 않았다.

이름은 한 사람의 존재와 실존이다. 자신의 이름을 걸고 살다가 이 세상을 떠나도 이름은 남는다. 그만큼 중요해서 이름에 어떤 기운이 작용하는 건 아닐까. 그렇게까지 해석하고 싶지 않지만 살면서 우여곡절을 겪을 때면 이름 탓인가 싶을 때도 있었다.

 내 이름은 곧을 정貞, 어질 인仁, 곧고 어진 사람! 내가 현실적으로 도달하기 힘든 인간상 아닌가. 아버지는 나에게서 그런 인간상을 꿈꾸셨는지도 모른다. 부응하지 못했다. 그저 그렇게 살면서 늘 아버지에게 죄송한 마음이다.

불면과 친절의 상관관계

 사거리 2층에 있는 의원. 진료과목만 준종합병원 수준인 작은 의원은 어둑했다. 조도가 낮은 이유도 있지만 피부색이 짙은 외국인 환자들이 더 많아서가 아닐까 싶었다. 나는 여행 준비로 수면제가 필요해서 갔으니 그저 약이나 처방받으면 그만이었다. 오십을 갓 넘겼을 의사는 평안한 인상처럼 목소리도 순하고 부드러웠다.
 "아, 불면. 전문 불면 클리닉이 아니어서…."
 "아, 네."
 이미 목적한 바 있어 전문의가 아니어도 대수는 아니었다.
 "지금 드시고 있는 약이?"
 "죽을 만큼 힘들거나 여행할 때 스틸녹스 반 알 먹어요."
 "그 약은 좀…. 멜라토닌은 드셔봤나요?"
 "그걸로 되면 병원에 안 왔겠지요."

"그래요, 요즘은 불면증 환자가 부쩍 늘었어요."

의사의 약간 빗나간 대답을 재깍 낚아챘다.

"그러면 선생님이 불면증 전문의가 되시면 안 돼요?"

순전히 내 개인적인 욕심에서 나온 말이었다. 종합병원에서도 치료하지 못했으나 혹시, 하는 생각도 있었지만 집에서 가까워서였다. 반사적으로 튀어나온 나의 제안에 그는 공부하기 싫은 학생처럼 말했다.

"그것이 고민입니다. 워낙 시간도 없고…."

끝마무리가 선명하지 않은 게 그의 어법이었다. 그러면서도 부드러운 느낌. 그동안 진찰받았던 어느 의사보다 친절한 인상이었다. 진료과목이 많은 게 신뢰가 덜 가기는 하지만 그럴 것도 없었다. '죽은 자는 살려내지 못하며, 스스로 살 수 있는 사람만 일어날 수 있도록 한 것뿐이다.'라며 겸손했던 어느 명의가 추앙받았듯이 나는 어느새 그의 겸손에 믿음이 갔다.

의사의 문진은 계속되었다.

"왜 잠을…?"

"그냥 누우면 생각이 꼬리를 물어요."

"주로 무슨 생각이…."

"어제 점심에 뭘 먹었나 하는 사소한 것부터 죽음… 한도 끝도 없어요."

그는 내 수면 시간과 역사를 물었다. 나도 그 점이 가장 중요한 문제라고 생각되어 오래된 불면과 수면량과 잠드는 시간을 자세하게 말했다. 그는 만성이라며 안타까운 표정으로 나를 위로했다. 괜히 울컥했다.

"그러고도 살아 있어요."

진심이었으나 엄살로 들렸을지도 모른다. 불면증이 심하다 한들 '죽음'은 과장된 비유일 테니. 정신과적인 병변을 의심할까 봐 얼른 자세를 바로잡았다. 그는 의자를 끌어 모니터 쪽을 골똘히 들여다보았다. 지금부터 공부하려는 것인가. 섣부른 처방을 하지 않으려는 듯 신중했다.

그러는 동안 나는 의사와 자리를 바꿔 앉아 그의 입장으로 나의 약을 처방하는 상상을 한다. 우선 모니터에 저장된 약 목록에서 불안 장애나 우울증에 관계되는 약을 처방하는데 우울보다는 불안 장애 쪽에 더 비중을 둔다. 환자 응석을 조금 받아주다가 약을 참는 것보다 먹고 자는 게 낫다고 타이른다.

잠시 후, 공부를 끝낸 의사는 다시 환자로 돌아온 나에게 우선 열흘 치 약을 먹어보고 다시 오라고 했다. 여러 약을 먹어봤지만 효과가 없었던 나는 스틸녹스만 머리에 가득했다. 처방 약은 먹어보겠는데 여행을 가야 하니 스틸녹스도 처방도 해주면 안 되느냐고, 여행 갈 때 외에는 거의 먹지 않으니 줄 수 있는 최대량을 달라고 간곡하게 말했다. 절대 남용하지 않겠다는 각서라도 쓸 것처럼 진지한 태도에 28알을 처방해 주었다. 그럴 수 있어서겠지만 고마웠다.

 내가 원한 하얀 약과 주황에 핑크와 백색을 섞은 듯한 애매모호한 타원형의 처방 약을 들고 오면서 부자가 된 듯 뿌듯했다. 약 가운데 선은 절반 잘라서 먹어보고 안 되면 한 알, 그렇게 절제하라는 의미로 해석한다. 금연을 결심하고 담배 한 보루를 눈에 잘 보이는 곳에 놓고 참는 자해 같은 행위. 나도 잘 보이는 곳에 약을 모셔 두고 밤마다 유혹당하면서 허벅지를 찌르듯 참아낼 것이다.

 수면제가 있어도, 없어도 밤은 두렵다. 침대에 누우면 낮보다 정신 더 맑아진다. 내리 두 시간 수영했는데도. 기다렸다는 듯이 과거와 현재와 미래의 부질없는 편린들이 매트릭스처럼 펼쳐진다. 몇 살까지 살 수 있을까에 이르러 손꼽아 보다가 텅! 하고 가슴이 무너진다. 얼마 남지 않았다. 그 숫자에 두려움이 왈칵 몰려든다. 죽으면 하느님 곁으로 가니 기쁜 일이라고 천국행 티켓이라도 쥐고 있는 것처럼 당당한 콩나물국밥집 여자의 해맑은 표정이 아른거린다.

죽음에 대한 공포와 우울증으로 평생을 고통받았던 뭉크는 오히려 장수했고 처칠도 지독한 불면에 시달리면서도 구십을 살았다고 위안 삼아도 새벽 다섯 시가 되자 불안과 초조가 밀려든다. 약을 먹지 않은 걸 후회한다.

약을 받아 온 날 약을 먹지 않는 것도, 숱한 밤 약을 참으며 하얗게 새웠던 지난날도 단순한 인내의 소산은 아니다. 약에 의존하지 않고 의지로 해방되고 싶다는 나의 결심을 나는 믿는다. 운동 초반에 느끼는 고통이 어느 시점이 지나면 견딜 만해지는 현상, '세컨드 윈드'의 경지를 나도 불면을 견디면서 느낀다. 질 떨어지는 컨디션이긴 하지만 꼬박 새우고도 다음 날 일상을 이어갈 수는 있다.

의사마다 약을 먹는 쪽이 낫다고 했다. 의사의 말은 사변적일 수밖에 없다는 결론이다. 사실 먹어도 듣지 않았다. 그런데 이상하게 사거리 동네 의사의 처방 약은 맛집처럼 구미가 당겼다. 오늘 밤도 잠들지 못하면…. 효과는 별로 없었지만 먹었다는 사실을 믿으며 열 알로 한 달을 버텼다.

다시 의사를 찾던 날, 그는 구면이 반가운 건지 상당한 기간을 두고 나타난 나를 칭찬하는 건지 모를 표정을 지었다.

"잠은 좀…."

"요즘 며칠 더 심해요."

"요 며칠만?"

"아. 아는 체해야 할 일이 생겨서요."

"공부하셔야 하나 봐요."

"네. 그런데 선생님처럼 공부하기 싫어요."

"하하, 맞습니다. 제가 공부하기 싫은 거 어찌…."

지난번에 알아차렸다고 하자, 책도 읽은 지 오래됐고 매너리즘에 빠진 것 같다는 고해성사하듯 말했다. 의사가 사적인 얘기를 하자 무척 인간적으로 느껴졌다.

"생활 습관과 심리적인 요인이…."

불면증과 관련된다는 말로 마무리하지 않았다. 말줄임표에서 잘 알아 이해하라는 듯한 메시지를 받는다. 구체적인 듯 아닌 듯 그러면서 자상한 의사 앞에서 나는 세상 아무것도 모르는 것처럼 온순해진다.

같은 약을 처방하면서 더 원하면 주겠다고 했다. 나는 숙제하는 기분으로 이번에는 열 개로 한 달 반을 살아보겠다고 했다. 더 나은 밤을 보내 보겠다고. 의지로 수면의 질을 높여 의사에게 모범적인 보고를 해야겠다고 마음먹는다. 의사에 대한 믿음은 어쩌면 자기 합리화인지도 모른다. 그렇게 나의 밤을 친절한 그에게 의지해보는 것이다.

최연소 저항 시인

 저녁때부터 내리던 눈이 밤이 깊도록 내렸다. 눈꼽재기창을 열고 내다보면 마루에도 체에 내린 쌀가루처럼 눈이 쌓였다. 눈이 토방에 쌓이기 전에 신발은 마루 아래 깊은 곳으로 밀어 넣었으니 우리가 자는 사랑채로 가지 않고 안방에 있어도 될 것 같아 좋았다. 가족이 모두 밤늦도록 안방에 모여 웃고 떠들고 신이 났다. 늘 그런 건 아니었는데 그 밤은 눈이 내려서 그랬던 거 같다.
 아버지는 일제강점기 때 학도병에 끌려가지 않으려고 철도원으로 취직했던 얘기를 들려주셨다. 기차도 움직이는 조개탄 열기는 철도원 숙소 방바닥이 타고도 이불이 눌어붙을 정도였단다. 알루미늄 도시락에 쌀을 씻어 넣고 이불을 여러 겹을 덮어놓으면 밥이 되었다는 얘기며, 기차가 눈을 헤치고 달리는 겨울 풍경 얘기를 들으며 은가루를 뿌린 크리

스마스카드를 연상했다.

 기분이 절정으로 향해 가는데 난데없이 아버지가 우리에게 공책을 꺼내라고 하셨다. 순간 나는 굳어버렸다. 아버지는 우리를 가르치다 답답하면 매를 들었으므로. 다행히 아버지는 '눈'이라는 시제를 내놓고 눈을 보고 느낀 생각을 써 보라 했다. 나는 초등학교 2학년, 한글을 다 터득하지도 못한 채 학교에 갔고, 일기 쓸 실력도 안 되는데 시라니. 시라는 그 자체를 몰랐다.

 두 언니와 오빠는 고개를 책상에 박고 열중했다. 시를 써 보지 않은 나는 '시' 자만 웅얼거리다 '시시하게 시궁창 같은 시는 안 써요'라고 써놓고 끼적이고 있는데 오빠가 커닝하듯 보더니 아버지와 나를 번갈아 보면서 낄낄거렸다. '너는 혼났다!'라는 눈빛으로. 사실 분위기가 깨져 기분은 별로였던 터라 저항 의미도 있었을지는 모르겠다. 나도 모르게 최연소 저항 시인이 되어 '시' 자로 시작하는 말을 적었는데 내가 생각해도 혼나겠다 싶었다. 내가 뭐라도 쓴 걸 안 아버지가 내 공책을 가져가셨다. 혼날 거 같아 오빠를 째려보고 있는데 한참을 생각하던 아버지가 말씀하셨다.

 "어린이다운 글은 아닌데 너는 글을 잘 쓸 수 있겠다. 다시 써봐라."

 책을 많이 읽은 오빠는 공책 한 면을 빽빽하게 채웠다. 의기양양한 투로 오빠가 직접 읽었는데 눈에 대해서 아는 것을 많이 늘어놓았던 것 같다. 나는 도통 알아들을 수 없었다. 중학생이었던 오빠에게 아버지는 "글짓기는 과학이 아니다. 큰 것보다 작은 것을, 먼 것보다 가까운 것부터 시작해라." 하셨다. 내가 당돌하게 "그럼 저는 뭘 써요?"라고 하자 아버지는 눈 오는 날 학교 갈 때 느낀 생각을 써보라고 했다.

 곰곰이 생각하니 나는 학교 갈 때보다는 심부름 갈 때 더 생각이 많았던 거 같았다. 심부름 잘한다는 칭찬에 부응하려고 애를 쓰면서 나름 고달팠기 때문에 그랬을까. 원래 문학이란 억울하고 분하고 모자람에서 시작되는 거 아닌가. 그때 문학을 알 리 없지만, 본능적으로 감정이 잡히는 것은 심부름 가는 길이었다.

 글을 잘 쓰겠다는 아버지 칭찬이 참인지, 그저 막내딸이 귀여워서 하신 말인지도 모르고 잘 쓰겠다는 말에 고무되어 다시 썼다.

눈 쌓인 뒷재길로 심부름을 가는데
발이 눈에 빠져 보이지 않았다.

나는 운동화를 신었는데
아버지 구두보다 큰 발자국이 따라왔다.

 아버지는 몇 번이나 반복해서 읽으셨다. 뭐 그러실 일도 아닌데 절창을 만난 듯 흥분하셨다. 막내딸이 대단한 작가라도 될 것처럼.
 시간이 많이 흘렀어도 눈 내리던 밤 풍경과 아버지가 내게 하신 칭찬이 잊히지 않았다. 아버지도 그 밤의 정취에 딸에게 넘치는 칭찬을 하셨겠지만. 그래도 그 기억이 가슴에 또렷하게 남아 있고 살면서 가끔 상기되는 것은 내게 그런 자질이 있다는 것일까. 고비마다 글을 쓰고 싶은 생각은 있었지만, 시간에 쫓기는 내겐 허영이라는 생각도 들었다. 육십을 넘긴 어느 날 본성을 거스를 이유가 없다는 생각에 한동안 고민했다. 누군가는 그림을, 악기를, 뜨개질을 하듯 나는 글을 쓰기로 하니 잘 쓰고 못 쓰고는 다음 일이었다. 쓰고 싶다는 욕구, 내게 남은 시간을 계산하지 않을 수 없어 시작했는데 꽤 시간이 흘렀다.

 '그냥 써질 것 같아서'라는 느낌으로 시작한 글. 뒤늦게 불 붙어 막연하다는 생각이 들면 아버지는 왜 내 가슴에 불을 질러 놓고 구체적인 방향을 제시하지 않았나 싶었다. 공부하기 싫을 때 때려치우고 글이라도 써보라 했으면 글로 날개를 달지 못했어도 인생 좌표가 달라졌고 소위 말하는 팔자도 달라졌을지도 모르는데 말이다. 아쉬운 대로 사십 대 아니, 오십 대에 시작했더라도 어떤 식으로든 글로 인생의 가닥이 잡혔을 테고 그 뒤끝으로 드라마나 소설에 매진했더라면 혹시 민생고를 해결하는 구체적인 방법이 됐을지도 모르지 않는가. 그것도 조상 탓처럼 실없고 비현실적인 얘기라는 것도 잘 안다. 글이라는 것이 뜬구름 같아 잡히는 게 없으니, 우산 없이 비 맞고 서 있는 것처럼 쓸쓸해서 하는 말이다. 그 쓸쓸함이 글을 쓰게 하지만 변명 삼아 시간 탓을 한다.

 팔십에 입신양명한 강태공, 칠십의 백리해는 세월쯤은 아무것도 아니라는 듯 골몰했으니 성공했을 테다. 한길을 가다 보면 길은 뚫리게 돼 있다는 걸 보여 준 그들의 질긴 의지와 오기. 숨이 막히지만 닮고 싶다. 일모도원日暮途遠이란 말은 가슴을 서늘하게 한다. 날은 저물어가는데, 배우고 쓰고 싶은 마음이 주제를 넘어 욕망만 무수히 새끼를 친다. 못난 솔방울을 숱하게 단 바위틈의 늙은 소나무처럼.

글을 쓰는 일은 시간을 저당 잡아 쓰고 시간으로 갚는 일이다. 나도 내가 메아리 없는 글을 왜 쓰고 있나 싶어 한심할 때가 있다. 답답하면 가끔 이은미나 정태춘 노래를 듣는다. 온몸을 터트릴 것처럼 부르는 이은미. 처음이나 끝이나 염불보다 더 리듬이 없는 날것 같은 투박한 목소리의 정태춘. 그들에게서 어떤 경지를 느낄 때면 괜히 내 일처럼 가슴이 설렌다.

지오바니 마라디의 피아노 연주곡도 자주 듣는다. 그의 연주곡 중에 습관처럼 맨 처음 듣는 곡은 〈Just for You〉! 그 곡을 들을 때마다 조금씩 느낌이 다르다. 감정이 있어 감응이 일어나고 감성 능력이 아직은 존재해 가슴에 파문이 인다. 눈 내리던 날 밤 아버지가 내게 하셨던 "너는 글을 쓰겠다."라는 말씀이 다시 생각나 새로운 느낌이 든다.

아메리카노 없는 편의점

 노을이 찬란할 때 그 아파트는 황금빛 엘도라도였다. 노을빛이 유리창에 반사되면 가히 몽환적이다. 아파트 위치에 따라 숲세권, 팍(park)세권 같은 것이 있다면 그곳은 노을권이라고 해도 좋겠다. 산 정상이었을 그곳, 조망권은 말할 나위 없고 배경이 무한한 하늘이니 더 말해 무엇하랴.

 큰길을 두 번 건너야 갈 수 있는 거리. 그래도 운동 삼아 가볼 만하지만 사람이나 건물이나 가까이 보면 실망하기 마련이어서 그대로 멀리서 보기로 했다. 하지만 환상은 우연이든 필연이든 언젠가는 깨지게 돼 있다. 십년지기인 Y가 찾아왔다. 추석 전날이라 식당을 찾지 못한 우리는 마트에서 초밥을 사 들고 적당한 장소를 찾아 헤매다 그곳이 떠올랐다.

 차를 몰아 아파트 앞에 도달했으나 초밥을 든 손이 무안했다. 편의점 앞 공터는 그 흔한 의자 하나 없었다. 젊은 사장은 우리가 유난스럽다는 듯 마지못해 귀퉁이에 박혔던 플라스틱 의자와 탁자를 꺼내왔다. 거기서 초밥을 먹겠다는 조건으로 커피와 이것저것 사고, 쓰레기는 말끔히 치우고, 탁자도 접어서 제자리에 두기로 했다.

Y는 편의점에 들어가고 나는 초밥을 펼쳐 놓고 내려다보니 산 정상의 전망대처럼 시야가 확 터진 것만으로도 다른 세상이었다. 찬연한 가을 햇살, 삽상한 가을바람, 수런대는 나뭇잎 소리…. 절로 깊은숨이 들이켜졌다. 발아래로 보이는 도서관도 행정복지타운도 멀리 보이는 우리 아파트도 분양사무실에 있는 조형물 같았다.

작은 창이 다닥다닥 있는 걸로 보아 아파트는 큰 평수는 아닐 것 같았다. 몇 평일까. 본능에 가까운 궁금증이다. 이해 상관없고 살 것도 아닌데도 우리는 그게 궁금하고 때로는 평수로 사람을 평가하기도 한다. 재산 형편은 물론이고 인격까지도 합산해버린다. 그래도 저래도 알고 싶은 아파트 평수. 작은 것은 확실한데…. 그때 Y가 나오면서 투덜댔다.

"무슨 아메리카노 없는 편의점이 다 있어."
"왜 없대?"

"물어보려다 참았어. 사장이 하도 뻣뻣해서."

아메리카노 없는 편의점이라. 식후 숭늉에서 생수, 그리고 커피가 그 자리를 차지한 판인데 편의점에 커피 머신이 없다는 게 이상했다. 팩에 든 아메리카노마저도 무설탕이 없다는 것은 확실한 이유가 있을 터였다. 이유라면 팔리지 않아서일 텐데 팔리지 않는 이유는 뭘까.

우리는 혀가 좁아들 것처럼 단 커피를 마실 수밖에 없었다. Y가 한 모금 하더니 진저리를 쳤다. 초밥 후, 커피를 즐기지 않는 나로서도 단 커피는 영 아니었다. 의자는 왜 비치하지 않고 아메리카노는 왜 없을까에 대하여 생각하지 않을 수 없었다. 너무 당연한 것을 왜? 그때 팔십쯤 돼 보이는 남자 노인이 편의점 뒤쪽에서 의자를 가지고 와서 칠팔 미터쯤 떨어진 곳에 앉았다. 조금 멈칫거리더니 흐릿한 눈동자를 최대한 크게 굴려 말을 걸었다.

"그거 어디서 났어요?"

우리가 마시는 커피를 말함이다. 당연히 그 편의점에서 샀다는 걸 알 텐데 그걸 몰라서 묻는 것은 아닐 테고. 그러는 동안 조금씩 다가온 의자와 노인은 어느덧 우리 코앞이었다. 우리도 웬만큼 나이 들었으니 남자가 늙었다는 사실만으로도 경계를 푼 Y가 편의점을 가리키며 공손한 말씨로 대답했다.

"저기서 샀지요. 하나 사드려요?"

나는 그녀를 쿡 찔렀고 노인은 의외라는 듯 우리 쪽으로 의자를 더 끌어당겼다. 어떤 방법으로라도 말을 걸고 싶은 눈치였다. 혹시 작업에 걸려든 건 아닐까 할 정도로 노인은 적극적이었다. 전화번호라도 딸 것 같던 노인은 커피도 번호도 아니었다. 곧 죽어도 여자에게 얻어먹진 않겠다 했다. 거기까지는 좋았는데 우리 사이에 끼어들어 갈 생각이 없어 보였다. 묵은 걸 다 토해내듯 노인의 말은 장황했다.

노인의 아파트 상세 정보에 따르면 아홉 평 임대 아파트이며 입주민은 거의 노인이라고 했다. 자기는 집에 섞어진 커피(커피믹스)가 떨어지지 않게 많이 있다고 자랑처럼 얘기했다. 마치 상비약이나 비상식량을 비축해놓기라도 한 것처럼. 편의점에 아메리카노가 없는 궁금증이 조금은 풀렸다. 사장은 사정도 모르면서 무설탕 아메리카노를 찾는 우리가 얄미워서 뻣뻣했던 걸까.

끝나지 않을 것 같은 노인의 말을 더는 들어줄 수 없었다. 결코 아파트 평수 때문은 아니었다. 우리도 우리끼리 할 말이 있지 않은가. 우리가 호응하지 않자 노인은 목청을 높였다.

"아줌마!"

"여사님!"

그랬다가 호칭을 드높여 사모님이라고 불렀다. 애원인지 원망인지 모를 목소리로 여자하고 말해본 게 언제냐는 듯한 표정이 간절하기까지 했다. 더는 젊지도 빛나지도 않고 올라갈 곳도 없는 나는 노인의 쓸쓸한 심정을 알 것 같았다. 얼마나 말이 하고 싶고, 상대할 사람이 없으면 저럴까도 싶었지만, 그만큼 들어줬으면 됐다고 생각했다.

자리를 정리하려는데 젊은 사장이 기다렸다는 듯이 거창한 오토바이를 모셔 왔다. 엄청 멋지고 비싸 보이는 BMW 오토바이. 생뚱맞은 게 우린지 오토바이인지 알 수 없어도 그 자리에 의자를 비치하지 않은 이유는 확실했다. 우리는 잠시 빌렸던 오토바이 자리를 서둘러 반납했다.

그래도 아쉬워 머뭇거리던 노인. 그가 자랑삼아서 말했던 것은 불타는 저녁노을도 전망 좋은 아파트도 아니었다. 그저 단맛이었다. 그러고 보니 엄마도 연세 들어서는 달콤한 커피믹스를 좋아했다. 세월은 입맛의 개성도 앗아가나 보다. 얼굴 윤곽도 미각도 흐려지다가 종국에는 같아지는 것일까. 설문조사 없이도 아메리카노가 없는 이유는 유추 가능한 일이었다.

2장

술이부작, 술이 부족허냐 ·
429호 병실 ·
카페 '레인' 그리고 선인장 ·
엄마가 졌다 ·
젊었으면 애호박 들고 갔을까 ·
북데기 아주머니 ·
경치가 수려한 마을의 문제 ·
멋지게 지는 작전 ·
콩밭 열무 ·
누가 더 살아 있는 걸까 ·
갯벌에 지는 노을 ·

술이부작, 술이 부족허냐

"어이~ 나 그거 쪼께 줘 봐."
"갖다 묵지, 달라 말아여."
"아따 좀 주면 어디가 덧난당가?"
"나가 식당 여자유?"
"팔십도 안 된 것이. 당최 우아래가 없는 시상여."
"상동 아줌니는 나이가 베실잉게벼. 손발 멀쩡허고, 더 낫살 많은 길재 아줌니도 안 그러는디."
"팔십야답이나 팔십일곱이나 그게 그거지. 시방 길재네 핀드는 거여?"
"핀은 무슨 핀, 여그 경노당에 노인 아닌 사람 어딧슈? 발딱 인나 갖다 묵으랑게."
"나가 몸땡이가 무겁고 허리모강댕이 아픈 거 몰라서 그려?"

"살찐 것이 뭔 유세대유. 길재 아지매는 발몽댕이까장 아픈디?"

그 말에 상동 아주머니가 발끈했다.

"언제부텀 길재네를 그러코롬 생각혔당가?"

이번에는 벽을 향해 누워있던 길재 아주머니가 부스스 일어났다. 며칠 전부터 허리 통증이 심해져 예민하던 터였다.

"보자보자형게 왜 맥없는 나를 끌어댕겨? 물구신잉게벼."

"밍자 저 것이 자꾸 길재네를 야그허잖여?"

"그려, 쟈(명자)가 나 야그를 혔다 치자, 그게 핀드는 거여?"

"혔다치는 게 아녀, 핀 든 거지. 오늘만 그렁게 아니랑게. 나가 진작부텀 알어봤당게."

"무신 귀신 씨나락 까먹는 소리여? 자다가 봉창 뚜딜기네."

"그럼 나가 말혀 봐?"

"그려, 혀보드라고."

"혀라믄 못헐 거 가터? 수만 가지여. 쩌번에 나 눈 수술혔을 때 쟈랑 뭐라고 혔남? 그것도 그려. 나가 이뻐질라고 형 것도 아니잖여. 그란디 뭐 닭똥집 까뒤집은 것 같다고? 그게 말여? 막걸리여?"

그러자 평소에 별말이 없었던 길재 아주머니가 핏대를 올렸다. 아무래도 허리 통증으로 인한 현상 같았다. 모두 의외라는 듯이 아무 소리 못 하고 벙쪄 바라볼 뿐이었다.

"쌓인 게 많은 게빈디 본전도 못 찾을 소릴랑 허덜 말어. 이뻐지고 안 이뻐지고는 집이 사정이고 사실이 그렇찮여. 눈탱이가 시푸르딩딩헝게 영낙엄씨 닭똥집 까논 거 맨키로 생겼드랑게. 없는 말혔냐고?"

"나가 사람 좋고 무던헝게 말을 싸가지 읎이 허네. 나가 아욱 장아찌가터? 지랭이 갈비뻐로 뵈는 거여?"

"무던헌 사람 장마통에 다 뜨내려간나벼? 그러코롬 좋은 사람이 내 자석들헌티 뭐라고 주딩이 놀렸나 생각도 안 나나벼?"

"뭐라고 혔간디? 엇다 찍어다 부칠 생각허덜 말고 지대로 말혀 봐. 나가 뭐라고 혔간디?"

"자석들이 어매들 앙고라세타 다 사다줬는디 우리 새끼들만 안 사왔다고 얼매나 나발 불었능가? 국캐위원 유세허는 거 맨치로 이 사람 저 사람 붙잡고 얼매나 떠들고 댕겼어. 우리 새끼덜이 너도나도 다 입은 앙고라세타 촌시럽다고 안

사온 거여. 생각 안 난다고 말 못 허겄지. 그때 낯박살을 낼라다가 참니라고…."

"환장허겄네. 뭔 고리짝 야그를 허고 있댜. 시방이 시한(겨울)여? 앙고라세타는 무신 얼어 디질. 죽은 어메아배가 뫼똥에서 살아 온 야그도 아니고. 가상 내가 그렸다고 혀도 발쎄 똥 돼서 뭉게진 거 아녀?"

"그렇게 안 혔다는 말은 못하겠지. 나는 어디까장 술이부작述而不作*여."

"그놈의 술이부잭인지 뭔지 유식한 시늉 또 허네. 내가 들은 것만 혀도 오만 번은 될 꺼여. 문자 쓰지 말어. 그말 나왔응게 말 허는디 서울로 이사 간 순자네가 그말이 '술이 부족허냐'라는 야그냐 혔다고 얼매나 깜봤어? 가심에 못이 배겼다고 허드랑게. 사램을 무시허믄 못 쓰능 거여."

"남으 자식헌티 불효네 마네 현 것은 쓸 사램이랴? 술이부작 뜻을 나가 잘 알고 쓰는디 뭐가 잘못 됐댜?"

"울 할아부지가 서당 안 혔어도 나도 문자 좀 써볼팅게 들어 봐. 호가도 창창이믄 불락여. 듣기 존 꽃노래도 한두 벤이지 핑생을 써먹어, 써먹기를!"

"그런 말은 시살 아그도 다 아는 야그여."

"쪼께 더 배웠다고 혀도 궁민핵교 2년 더 댕긴 거 배끼 읎는디 어지간히 잘난 체 혀능고만. 낯뿌닥 빼도롬헝 것도 한때고 가방 끈 진 년이나 짤븐 년이나 늙을시룩 심뽀를 곱게 써야 혀."

"심뽀? 사둔 넘말하고 있네. 넘 자석 야그나 허고, 자빠져서 이것 달라 저것 달라 허능 것은 심뽀가 올바로 배킨 거여? 그렇게 젊은 것들헌티 욕먹어 싸! 싸고 말고!"

쌈이라면 지지 않는 상동댁도 이쯤에서 한 발 물러설 맘이 들었던지 숨을 고르고 있었다. 상대는 환자가 아닌가. 눈치 빠른 명자 씨가 말 허리를 잘랐다.

"이러다가 내일 새북까지 싸우겄네. 엥간이 허고 점심이나 묵읍시다. 길재 아줌니, 상동 아줌니 그만치 혔으면 됐슈. 우덜이 그래봤자 열 명도 안 되는디 미칠이 멀다않고 싸우닝게 꼴베기 시러서 안 오는 사람도 있잖유."

"밍자야. 내비둬라. 아즉 젊은갑다. 아덜은 싸우면서 큰다고 허잖냐. 접때도 개뿔도 아닝 거로 머리끄댕이 자부댕길 거처럼 소락떼기를 질러대고 난리를 부리등만. 기운이 뻗치는 게벼."

"영주 할머니, 무신 소리래유. 영주 할머니나 몇 살이나 차이나간다유. 두시 살 배끼 더 돼유?"

"오뉴월 하루 빛이 얼맨디. 시 살이 삼십 년 같은디. 참말로 시망시런 할망구들여. 허기사 저런 쌈구경도 읎으믄 뭔 재미가 있겄냐."

돌아가는 판세로 봐서 상동댁이 후퇴해야 할 것 같았는데 과연 그랬다.

"드르륵 꽝!"

문을 부서지라 밀치고 상동댁이 가버렸다. 다들 멋쩍은 표정으로 뒤뚱거리며 나가는 상동댁을 바라볼 뿐 붙잡는 사람은 없었다. 명자 씨가 분위기를 바꾸려 말을 돌렸다.

"이 떡은 쩌번에 어매 초상 치른 명이네가 해 온 거 다 알지유? 한 봉다리썩 가져가야 허는디. 상동 아줌니 기냥 가서 워쩐댜?"

영주 할머니가 누워있는 길재네를 흔들었다.

"배람빡만 보덜 말구 인나. 밥 먹자. 밍자랑 자네는 한핀인 건 사실이구. 거 뭐시냐 애덜 말마따구나 상동댁이 왕따가 뭐시긴가 당헌 기분 아니겄냐?"

그러고는 언제 그랬냐는 듯 밥상 앞에 모여 밥을 먹고 달콤한 커피 한 잔씩 하고 다음 순서는 어김없이 십 원짜리 화투를 쳤다. 패가 몇 번이나 돌아갔나 싶을 때 난데없이 명자 씨가 오래 생각했는데 당최 모르겠다는 표정으로 말했다.

"근디~ 영주 할머니, 아까침에 아줌니들이 뭐땀시 싸웠지유?"

"쟈가 인제 늙었나벼. 시방 그걸 나헌티 묻냐? 허기사 너도 여든이 가차웅게 그러기도 허겄지."

"큰일났네유. 막내가 먼저 가겄슈. 언제까징 이 밍자가 경노당에서 막내 노릇을 할지 모리겄네유."

"무슨 소리댜? 밍자 니가 시방 우아래를 모리는 거시냐?"

"워매, 마저요! 상동 아지매가 나헌티 떡 조께 달라고 혀서 안 줬더니 우아래를 모린다고 혀서 시작한 쌈이네."

"그려, 별거 아닝 거로 시작혀서 삐치고 쌈판이 벌어진당게. 밍자야. 집에 가다가 암시랑토 안 헌 것처럼 떡 봉다리 들고 상동댁헌티 들러라."

"내가 동네 북이유? 노상 나가 가야 혀유? 오등가 말등가 그러다가 미칠 지나믄 오겄지유."

"그러믄 길재네가 들르믄 쓰겄다."

아직도 화가 덜 풀린 길재네가 불퉁거렸다.

"허리 아퍼 집이 가기도 힘든디. 글구 나가 뭣 땀시 가겄슈?"

"그럼 천상 내가 가야겄다. 아흔이나 퍼먹은 내가."

*술이부작述而不作: 있는 그대로 기술할 뿐 새로 지어내지 않는다는 뜻. 학자의 겸손한 자세와 객관적 태도를 강조하여 이르는 말.

429호 병실

 5인 병실에 입원했다. 환자는 남편이고 나는 보호자다. 429 병실은 출입문에서 오른쪽에 85세 할아버지와 91세 남자 노인이 있고, 왼쪽은 대학생과 75세 환자, 남편이 있다. 환자 다섯, 보호자 넷 그리고 간병인이 한 사람으로 열 명이 함께 지낸다.
 병실의 소등은 75세 환자의 간병인이 한다. 완장만 안 찼을 뿐이지 군기반장이나 다름없는 그녀는 등판도 엉덩이도 푸짐하다. 나에게 그녀는 '뚱'이다. '뚱'은 일곱 시면 불을 끈다. 그러고는 잠이 들면 75세 환자와 듀엣으로 코를 골았다. 고장 난 나팔 같은 불협화음. 아무리 한쪽을 추임새로 간주하려 해도 그럴 수 없었다. 그토록 잘 자는 입원실 커플은 본 적이 없다. 이상한 것은 환자가 다정한 목소리로 뚱을 깨워 아침 기상 시간과 식사 시간을 알렸다. 문득 둘이 무슨 관계일까, 하는 의심마저 들었다. 눈빛으로 통하나? 별 대화가 없으니, 알 수 없는 또 다른 네트워크가 있는 듯해서다.

75세 듀엣보다 더 신경을 건드리는 소리는 맞은편 91세 환자다. 그의 보호자인 아들은 낮에 읽던 책《총 균 쇠》를 들고 밖으로 나갔다. 91세 환자는 '총균쇠'가 나가자마자 더 앓는 소리를 냈다. 소리의 세기는 75세보다 약하지만 테크닉은 몇 수 위였다. 막혔던 숨이 파열음으로 터져 나올 때면 한껏 부푼 풍선 주둥이를 놓쳤을 때처럼 푸드덕거리며 바람 빠져나가는 소리가 났다. 어디서 쉽게 들을 수도 없고 흉내 낼 수도 없을 경지의 소리였다. 규칙적인가 싶어 이제 멈췄으니 언제쯤 시작되겠다고 계산하고 기다리면 그것도 아니었다. 사이사이로 내는 야릇한 신음. 그래도 그 소리마저 들리지 않으면 혹시 숨이 멈춘 건 아닐까 싶어 쭈뼛했다.

'총균쇠'가 얄미웠다. 저런 상태의 환자를 둔 채 책을 들고 나가버리다니. 나도 책을 가져오긴 했지만 베개를 돋울 때나 썼다. '총균쇠'는 12시 넘어서 그림자처럼 들어왔다. 자기 아버지가 숨이 넘어갈 듯해도 태연했다.

화장실 쪽 라인 첫 번째 베드의 85세 남자 노인은 불면증이다. 나만큼이나 밤이 힘든 노인이다. 입원하기 전에 먹던 수면제와 같은 약을 주지 않았다고 신경질을 부렸다. 등이 굽은 할머니는 몇 차례 간호사실에 갔지만 업무 착오인지 밤이 되도록 같은 약은 오지 않았다. 85세 노인은 흐느끼듯 한숨도 못 잤다는 말을 되뇌었다. 그래도 할머니는 귀여운 소리로 코를 골며 잤다. 나는 노인의 뒤채는 소리와 구시렁거리는 소리에 예민해질 대로 예민해졌다. 한마디 하고 싶지만 참았다. 그러고도 이 방에서 저 노인을 이해할 사람은 나밖에 없다는 생각이 들자 자애로운 인격자가 된 기분이었다.

누가 더 먼저 잘 수 있을까, 가늠해보다가 내가 겨우 잠이 든 것은 아침에 가까운 새벽녘이었다. 잠들었나 했는데 밥 시간이었다. 두 시쯤 잠들었던 노인은 밥이 오자 일어나는 기척이 들렸다. 눈을 뜨자마자 할머니를 향해 핀잔했다.

"나는 한심도 못 자는디 여핀네가 잘도 자."

"자는 거 같드만 못 잤다요?"

"자기는 뭘 자. 밤새 여그저그서 코를 골아쌌는디."

"오늘은 약이 나올라나?"

"뭐셔? 나올라나?"

노인은 눈을 부릅뜨고 소리를 질렀다. 뜨끔한 할머니는 바짝 웅크렸다.

"아니, 부탁혀 놨응게 나올 것이여라."

노인보다 더 환자 같은 할머니는 남편이 아파도, 죽어도 여자 탓이었던 먼 과거에서 타임슬립된 것 같았다. 순종, 그 자체였다. 노인은 환자인 동안 얻어 낸 권력인지 평소에도 그랬는지 대단한 기세였다. 군림하는 제왕 같았다. 그 기세로 간밤에 코 곤 사람들에게 시비라도 걸기를 은근히 바랐으나 아내나 달달 볶는 정도로 그쳤다.

대학생으로 보이는 환자의 보호자는 여자 친구 같았다. 그들은 커튼을 걷는 법이 없었다. 더는 은밀할 수 없게 꽁꽁 틀어막고 있었다. 커튼 안에 살림이라도 차린 것처럼 복장이 불량했다. 작은 가슴도 아닌데 노브라에 잠옷 비슷한 차림이 거슬렸다. 밥이 올 때만 빠끔히 상체만 내밀어 밥상을 받아 안으로 들어가면 숟가락 부딪는 소리와 '찹찹'거리는 소리만 들렸다. 밥을 먹고 나면 멀쩡하게 걷는 환자를 여자가 휠체어에 태우고 나가 몇 시간씩 돌아오지 않았다. 그래도 그들은 코를 곤다든지 이를 간다든지 앓는 소리가 없으니 유일하게 고마운 존재다.

혈압 재러 온 간호사가 91세 '총균쇠' 아버지를 아는체했다.

"아, 선생님 잘 주무셨어요?"

그러자 '총균쇠'가 반색했다.

"우리 아버지 선생인 줄 어떻게 아셨어요?"

"지난번 입원하셨을 때 알았어요. 전에 영어 선생님이셨다고요."

"그랬군요. 하하하."

'총균쇠'는 주위를 의식하듯 아버지와 대화를 시도했다. 마침 TV에서는 소말리아에서 봉사활동 하던 오드리 헵번이 보였다.

"아버지 오드리 헵번 생각나세요?"

"누구?"

"아버지하고 같이 봤던 영화 〈로마의 휴일〉에서 오드리 헵번요."

"너하고?"

"그레고리 펙은 생각 안 나세요?"

아들은 톤을 높였지만 아버지는 아무것도 생각하고 싶지 않은 듯했다. 대화를 포기한 '총균쇠'가 침대의 업 레버를 돌렸다. 91세 노인 상체가 서서히 올라오면서 반달 같은 이마가 떠올랐다. 아버지와 아들은 데칼코마니였다. 85세 노인이 "부자가 똑같네."라고 중얼거렸다. '총균쇠'는 《총 균 쇠》를 다시 펼쳐 들었다.

보호자 노릇 중 힘든 것은 수면이다. 입원실에서 나는 밤이 고역이었다. 며칠 만에 검은 심해에 흐느적거리는 해초처럼 몸을 가눌 수 없이 휘청거렸다. 불면으로 쇠약해진 몸. 그 상태로 간호를 오랫동안 한다 해도 병간호 실력은 별반 나아질 것 같지 않았다. 가끔 물건을 떨어뜨리고 침대 모서리에 부딪곤 했다. 어찌 보면 우리가 병실 내에서 제일 조용했고 문제없는 환자고 보호자였다. 가끔 문에 걸린다거나 뭘 떨어뜨리는 것 말고는.

입원한 지 여섯 날째 밤, 늘 그랬듯이 일찌감치 '똥'이 소등했다.

낮에 독서에 매진하던 '총균쇠'는 초저녁부터 잠들고, 그의 아버지 앓는 소리는 세기는 덜 해도 숨소리는 지난밤과 별반 다르지 않다. 이래도 저래도 적응할 수 없고 섬뜩한 기분도 마찬가지다. 75세와 간병인의 우렁찬 듀엣은 달라진

게 없다. 시각은 자정을 넘는다. 노인의 잠투정은 여전하다. 아니 점점 예민해진다. 수면제가 다르다는 것이다.

"나는 한심도 못 자는디 여편네라는 것이 쯧쯧…."

"다들 자는디, 눈을 붙여 보시오."

"몇 시여?"

"몇 시면 뭐한다요. 약 잡쉈응게 그만…."

"그 약이 아니믄 한심도 못 잔당게."

"어쩔 것이요. 같은 약이랑게 믿어보시오."

"약 하나 지대로 못 주는 것이 빙원여?"

"조용히 하랑게라. 다들 자는디."

할머니는 노인의 짜증을 다 들어준다. 조용히 하라고 말하려다가 나는 병실 밖으로 나간다.

대낮처럼 밝은 복도에는 몇몇 환자와 보호자가 걷고 있다. 보행 라인을 따라 걷다가 불안해서 다시 들어온다. 보조 침대에 몸을 뉘니 물에 젖은 널빤지 같은 어둠이 전신을 누르는 것 같다. 밤새도록 온갖 상념이 꼬리에 꼬리가 물 것이다. 이 스팩터클한 어둠의 압력. 숨이 막힌다.

간호사가 수시로 드나든다. 신경이 쓰인다. 우리에게 왔을 때도 그때마다 일어날 수는 없어 자는 척한다. 간호사가 나가면서 닫는 문소리는 더 크다. 모로 웅크렸던 몸을 길게 편다. 열어 보지도 못한 책으로 베개를 돋는다. 병실에서 독서, 열없는 짓이다. 이러다가 또 날 새는 걸까. 이어폰을 꽂고 잠을 청해본다. 30분이나 지났을까.

"촥!"

난데없는 알루미늄 마찰 소리가 어둠을 찢는다. 누군가 커튼을 잡아채듯 밀어젖힌다. 벌떡 일어난다. 85세 노인이다. 나를 집어삼킬 듯한 자세로 서서 고함을 지른다.

"왜 잠을 못 자게 혀!"

날벼락이다. 어둠 속에서 노려보는 노인의 눈빛이 야수 같다. 얼이 빠진다. 무슨 일이냐조차도 물을 수 없다. 난동 중에도 할머니는 자고 있다. 웬일로 '똥'이 일어나 불을 켜고 할머니를 깨운다. 사태를 파악한 할머니가 말한다.

"미안혀라. 우리 영감이 치매여."

그제야 나도 정신을 차려 대답한다.

"핑계 대지 마세요."

노인이 병실 천장이 날아갈 듯 소리를 질러댄다.

"저것이 한심도 못 자게 허잖여!"

"저것? 지금 한밤중인데, 낮에 신생아처럼 잤잖아요!"

"신… 그게 뭐라는 거여?"

나는 순간 너무 고급진 어휘를 구사했나 싶다.

"신생아!"

노인이 말귀를 못 알아듣는 거 같아 기를 꺾을 요량으로 반복해서 했더니 효과가 있다. 못 알아듣는지 눈만 부라린다. 정작 불면의 원인 제공자는 91세와 75세인데 내가 왜 85세 노인의 불면증 화풀이 대상인가. 어떤 방법으로든 노인의 코를 납작하게 하고 싶다. 분연한 나는 앙칼지게 내뱉는다.

"도대체 이상하시네, 내가 코를 골았어요? 앓는 소리를 냈어요?"

"간호사가 왔다갔다 혔잖여?"

"아, 간호사요? 할아버지 기준은 일관성이 없네요."

"뭐라는거여?"

"상대적이시네. 간호사가 우리한테만 와요?"

"뭐여?"

"아무튼 일관성없는 자의적인 해석으로 아무한테나 분노하지 마세요."

이쯤에서 멈춰야 한다고 생각하면서도 제어되지 않는다.

노인은 거칠게 링거 거치대를 끌고 나간다. 이어 체격이 큰 간호사 K가 와서 무뚝뚝한 말투로 말한다.

"밤인데 조용히 하세요."

"밤인 줄 누가 몰라요? 밤이니까 더 황당하죠!"

나도 거칠게 대꾸한다. 그러자 간호사는 부리부리한 눈으로 쏘아본다. 몇 초나 그랬을까. 나는 노인을 다른 방으로 보내라는 말을 남기고 밖으로 나간다.

아!

그런데 복도에 낭자한 핏자국들. 85세 노인이 링거 연결 부분이 빠진 팔을 휘저어 피를 흩뿌리고 있다. 붉은 선혈이 땡땡이 무늬를 만들며 사정없이 퍼져나간다. 소름이 돋는다. 간호사들은 이리저리 뛰면서 노인을 붙잡는다. 청소 아주머니가 달려온다. 노인이 진정하면 닦을 요량인지 구석에서 관망한다. 수간호사가 다가오자 아주머니는 노인에게 눈길을 거두고 잽싸게 걸레로 닦는다. 할머니는 의외로 침착하다. 면역이 생겨 무디어진 듯하다.

피를 보고서야 사태는 마무리된다. 노인도 맥이 빠졌는지 조용하다. 분위기상 나도 더는 흥분해서는 안 된다. 다시 병실은 조용하다. 복도로 창가에 서니 미열 같은 서러움이 차오른다. 오히려 마음이 차분해진다.

 어이없는 일에 내가 너무 과민했나 싶었다. 병실에서 시달린 고달픔으로 내가 노인에게 화풀이한 건 아닐까. 재수 없게 내가 화풀이 대상이 됐지만, 엄밀히 말하자면 노인은 자신의 불면증에 분노하는 것이다. 달리 생각하니 인생 참 힘들게 사는 건 노인도 나도 마찬가지다. 나는 노인의 난데없는 행위에 대해서 사과라도 듣고 싶었던 걸까. 맘대로 안 되니 되잖은 말로 노인의 기를 꺾어보려는 심산이었는데 좀 쩨쩨했다. 불면증을 아는 내가 노인의 고통을 이해했어야 했는데…. 그러나 몇 번을 곱씹게 되는 일이었다.

카페 '레인' 그리고 선인장

 산책길을 벗어나니 택지였다. 꽤 너른 빈터에 상가를 낀 원룸 건물이 서너 채 보이고 그중 문을 연 가게는 '레인'이라는 카페 한 곳이었다. 소설 속 '레드'라는 주인공 인상이 강렬해서였을까, 언뜻 레드로 읽혔다. 얼핏 레드가 더 좋지 않을까 싶었다. 인적이 드문 곳이라 역동적인 이미지를 생각했을까.

 뭔지 모르게 끌렸다. 카페 안은 블랙이 주는 무게감과 간결한 디자인에 목소리를 낮춰야 할 것처럼 차분했다. 벽은 비어 있고 천장은 높았다. 조각품이나 도자기를 전시하면 좋을, 갤러리 같은 분위기. 밖에서 봤을 때보다 더 세련됐다는 느낌이었다. 딱딱한 의자마저도 의자는 폭신해야 한다는 내 생각이 촌스러운지도 모른다고 생각했다

 노트북을 보고 있던 젊은 여자가 어색하게 일어났다. 사십

은 안 됐을 눈이 크고 얼굴선이 뚜렷한 도회적인 인상의 여자. 카페 분위기와도 어울렸다. 그런데 기가 죽어 있다는 걸 한눈에도 알 수 있었다. 손님을 맞는 태도로 봐서 오랫동안 손님이 들지 않았을 것 같은 느낌이 들었다. 그 순간이 어색해서 재빨리 캐러멜 마키아토를 주문했다.

생소한 곳에서 정보 없이 들어간 음식점이나 카페에서 주인의 표정을 보면 눈치챈다. 주문한 메뉴가 제대로 나올 것인지를. 그런 생각도 하지 않기로 했다. 누가 물을 리 없지만 그래도 누가 묻는다면 그 카페는 주인도 카페 분위기도 절제된 세련미가 있다고 말해주고 싶었다. 노트북을 가져와 자리 하나를 차지하고 바람잡이라도 해줘야 하나. 귀퉁이에서 시들어가는 멀대같은 만세선인장을 빛이 들어오는 쪽으로 옮겨줘야 하지 않을까. 사정을 잘 알지도 못하면서 단번에 애처로운 마음이 들었다. 카페는 얼마나 버틸까. 이미 한계점에 다다른 것 같았다. 그럴 바에 카운트다운은 빠를수록 좋을 일이다.

어느 날 그녀가 말했다. 남자친구도 멀어졌고, 8년 직장생활로 모은 돈이 백스페이스 한 번으로 삭제된 것 같다고. 입산수도 수행보다 더 적막했을 1년의 세월. 오죽하면 장사 똥은 개도 안 먹는다는 말이 있을까. 속이 문드러져 단내가 난다는 얘기다. 나로서는 뭐라도 다시 시작하면 전화하라고 내 번호를 주는 것뿐이었다.

  그 여름, 장마가 길었다. 어느 저녁 비가 그쳤기에 산책길을 레인 쪽으로 잡았다. 멀리서 봐도 조짐이 심상치 않았다. 인가 없는 깊은 산중의 불빛 같던 하나의 광채가 택지에서 사라졌다. 어두운 골목이 무척 쓸쓸했다. 그동안 이용해주신 분들에게 감사의 말씀을 전한다는 문구가 붙어 있었다. 나한테 한 말인가 싶어 기분이 묘했다. 나라도 자주 들렀어야 했나. 아니다. 실오라기 같은 가능성이라도 주지 않는 게 오히려 정리하는 데 도움이 됐을지도 모를 일이다.

  불 꺼진 카페는 단 며칠 만에 존재 자체가 지워진 듯 허망했다. 작고 세련된 공간에 마음이 갔는데…. 어쩌면 자기의 취향으로 만들었다던 공간에 대한 상실감이 그녀는 더 컸을지도 모르겠다. 레인이라는 의미가 마냥 낭만적인 것만은 아니었던가. 하필 비가 많이 올 때 가게를 정리하다니. 문을 닫은 이유가 괜히 상호 탓인가 싶었다.

  날이 개자 택지 몇 군데는 터를 닦고 골조 공사 중이었다. 시월, 레인은 새 주인이 다른 이름으로 문을 열었다. 화이트로 꾸민 브런치 카페로. 검은 덱을 걷어낸 자리에 주황색 토분에 연둣빛 율마가 가을 햇살을 받아 화사했다. 안이 훤히 들여다보여 만세선인장을 찾았지만 보이지 않았다. 어디로 갔을까 궁금했는데 넝쿨식물이 얽혀 있는 카페 옆 공터에 화분째 버려져 있었다. 바짝 말라 가벼운 줄 알았는데 들어보니 꽤 무거웠다. 몇 년 전부터 버려진 화분이나 식물을 길러왔던 터라 별생각 없이 안고 왔다.

얼마 동안 풍찬노숙한 '멀대'는 생명이 붙어 있는지조차 알 수 없었다. 세워보니 각이 나도록 휘었다. 게다가 3분의 2지점에 튀어나와 덜렁거리는 가지는 펭귄 날개 같았다. 'ㅋ'자 형상의 멀대를 지지대에 묶어 자세를 똑바로 하니 80㎝에 가까운 장신이었다. 분갈이하고 카페 이름이었던 '레인'이라 이름 지었다. 멀대에서 레인으로. 이름이 멋지면 사람도 매력적으로 보이지 않던가.

겨울을 이겨낸 '레인'에 푸른빛이 보이는 듯하다. 관심도 병인 양해서 자다가도 일어나서 들여다보곤 하다 생긴 착시일지도 모른다. 체력만 회복하면 아예 대대적인 성형을 할까. 그런 유혹이 불쑥불쑥 솟지만 정원사 곽타타 말 "나무를 심고 나서는 건드리지 말고 걱정하지도 말고 버려두면…"을 새기면서 참는다. 잘생기기는 틀린 체격 조건이라 본판 불변의 법칙을 생각하며 또 참는다. 제발 지나친 관심을 두지 말자면서도 못 나게 뻗은 가지로 눈이 쏠린다.

 시간이 멈춘 듯했던 선인장 '레인'의 초침 소리가 들린다. 애타는 속내를 들키지 않으려고 애쓰던 카페 주인도 움직이는 소리가 들릴 때가 됐는데 연락이 없다. 만나던 사람도 관계가 멀어졌다고 했으니 시간이 걸리겠지. 그녀를 처음 봤을 때 나무라고 싶은 심정이었다. 생겼다 하면 카페라서 저지르고 보자는 요즘 현상 아닌가. 남의 일에 이해 상관없이 마음이 쓰였던 것은 실패하고 아파본 내 경험에서였다.

 '막다른 골목이 되면 돌아선다.', '실패는 또 다른 시작이다.' 지나고 보니 그런 거였다. 레인의 주인은 이렇게 생각하면 어떨까? 내가 연출하고 감독한 영화가 독립영화처럼 초라했어도 필모그래피에 한 줄을 얹을 수 있게 됐다고. 내가 죽은 줄 알고 버린 '레인'의 초침이 움직이는 것처럼 다시 일어나면 어떻게든 앞으로 걸어 나갈 수 있을 거라고.

엄마가 졌다

 봄 가뭄이 길었다. 차가 지나고 나면 신작로도 마을도 온통 먼지로 싸였다.

 유월이 됐어도 천수답은 모를 낼 엄두도 내지 못했다. 다른 논도 모내기하기엔 방죽 물은 턱없이 부족했다. 예민해진 사람들은 물꼬를 트느니 막느니 하면서 서로 시비가 붙었다. 하늘을 바라보며 농사를 짓던 시절, 가뭄이 들면 농사짓는 사람만 힘든 게 아니었다.

 동냥 오는 사람이 부쩍 늘었다. 어느 날은 하루에도 두세 명이 다녀갈 때도 있었다. 그날도 두 번째로 늙지도 젊지도 않은 아저씨 걸인이 왔다. 그다지 낡지 않은 군복이라 행색이 초라하지는 않았다. 대개 곡식을 주면 가는데 그 아저씨는 밥을 달라고 했다. 도우미 언니가 밥도 없지만 있어도 자기 맘대로 못 준다고 하자 주인 올 때까지 기다리겠다며 대

문간에 자리를 잡고 앉았다. 아예 눌러살 것처럼. 한참을 그러고 있는데 논에서 속이 상해 돌아온 엄마가 그 광경을 보고 짜증 섞인 목소리로 말했다.

"때도 지났는데 무슨 밥."

"때에 오면 때에 왔다고 할 거 아니요?"

"아무튼 없어요."

"이렇게 부잣집에서 밥이 없다는 게 말이 돼요?"

"부자도 아니지만 없을 때도 있어요."

주고받는 대화가 서로 날이 섰다. 엄마도 그날따라 날카로웠고, 그 걸인도 대차 보였다. 우선 목소리부터 힘찼다. 게다가 사지가 멀쩡했다. 동정의 여지가 없어 보였던지 엄마는 냉정했다.

이번에는 아저씨가 더 강도 높은 요구를 하자 엄마가 신경질적으로 치받았다.

"지금 밥이 없으면 기다릴 거요."

"염치가 없어도 유분수지…. 밥을 해달라는 거요?"

"밥 주기 전에는 못 갑니다."

"뭐가 그렇게 당당해요? 맡겨 놨어요?"

"그렇게 말하면 내가 갈 것 같으요?"

"맡겨났냐고요?"

"안 맡겨 놨어요. 누구는 동냥질하고 싶어서 합니까?"

"그럼 안 하면 되겠네."

엄마의 말에 아저씨는 할 말을 잃은 듯했다. 뚝, 소리가 날 것처럼 말이 끊기면서 순간 정적이 흘렀다. 말싸움이 소강상태로 접어드나 싶었다. 얻어먹는 처지에 기세가 너무 과하다고 생각했다면 조금 수그러드는 게 당연한 일 아닌가. 하지만 그가 일관되게 보여 준 패기가 일순간에 사라지는 것도 서로가 민망할 일이었다. 엄마 얼굴에도 '내가 이겼다'라는 승리감보다는 '내가 너무 했나?' 하는 표정이 스쳤다.

그렇게 패색이 짙은 그가 갈 줄 알았다. 하지만 그건 순전히 내 착각이었다. 숨이 좀 죽었나 싶었던 그가 다시 살아났다. 다만 이번에는 밥을 달라는 직설 화법에서 한 단계 나아가 동정심을 자극하는 어휘를 구사했다. 작전을 바꾼 것일까. 그러나 당당한 목소리는 여전했다.

"사람 괄시하지 마시오."

"밥이 없어서 못 준다는데 별소리 다 듣겠네."

엄마의 대꾸는 내용으로 봐도 소리 높여 할 말은 아니었다. 엄마가 혼잣말에 가까운 톤이 되자 혹시 거지 옷을 입어 신분이 바뀐 왕자는 아닐까, 할 정도로 그의 표정은 여유로웠다. 아무리 걸인이라도 남자인데 싸움은 엄마가 불리할 것 같았다. 그쯤에서 아버지가 오셨다고 해도 엄마를 두둔할 가능성은 희박했다. 남과 다툰 적도 없거니와 가족에게 한없이 엄격한 아버지는 동냥 온 사람과 싸운다는 사실만으로도….

그가 그런 것까지 계산한 것은 아닐 텐데 상황은 엄마가 불리했다. 밥이라는 극한의 본능 앞에 무엇이 두려울까. 굳이 빈부를 논하자는 건 아니지만 좀 더 있는 사람이 다 이길 것 같아도 그렇지 않을 때도 있는 법. 막 나가는 그의 태도에 화가 났던 엄마는 이 말 한마디에 더는 대꾸하지 않았다.

"사람 팔자 시간문제요."

"…."

"사람 팔자 시간문제란 말이요!"

그의 엇나간 비분강개는 울분과 협박성이 섞였다. 엄마에겐 '울분'으로 들렸는지 '협박'으로 들렸는지 나로선 알 도리가 없었다. 단지 두 단어가 묘하게 해악害惡으로 연계되는 동의어처럼 들렸다.

서쪽으로 기운 해를 등지고 선 그는 한 발짝도 물러설 것 같지 않았다. 이젠 밥의 문제에 자존심까지 더해 비장해 보였다. 엄마는 무반응으로 일관하면서도 밥 짓는 속도가 빨라졌다. 져 줘야 하는 게임도 있다는 심정이었을까. 결국 고봉밥에 국과 반찬 세 가지를 차린 밥상을 그의 앞에 대령했다. 엄마가 졌다. 그래도 걸인을 집 안으로 들이는 것까지는 허락하지 않았다. 엄마는 싸움에선 졌지만 자존심은 지켜냈다.

젊었으면 애호박 들고 갔을까

 두 해째 호박을 심었다. 올해는 텃밭 끝자락에 구덩이를 깊게 파서 거름을 넉넉하게 넣고 두 포기만 심었다. 갈증이 심하겠다 싶을 때 뿌리에서 먼 곳부터 물을 흠뻑 주었다. 소나무가 생육 조건이 나빠지면 종족을 번식하려고 있는 힘을 다해 잔가지를 뻗고 솔방울을 많이 맺는 것처럼 호박도 그랬을까. 자고 나면 줄기가 뻗고 꽃이 만발하더니 그래도 되나 싶게 애호박이 주렁주렁 열리기 시작했다.

 날씨가 서늘해지면서부터는 생존의 위기를 느껴서인지 암꽃을 더 많이 피워댔다. 여기저기 아는 사람에게 따서 돌린 애호박이 얼추 50여 개. 넝쿨이 뻗어나가 작은 언덕 양지바른 곳에 자리 잡은 호박 몇 개는 일찍이 청둥호박 감으로 찜해두었다.

 먼동이 트기를 기다렸다가 봐 두었던 애호박 다섯 개를 땄다. 내가 사는 화성 마도면 두곡리 호박과 상경할 참이었다. 종로에서 만나는 독서 모임. 두 시간 정도 걸리는 거리에 무거운 책에다 애호박 몇 개 무게만도 부담이었다. 누가 원하는 것도 아닌데 왜 가져가는 건지 나도 모를 일이었다. 그러면서도 호박만 열리면 누구 것이라고 이름을 지어놓곤 했다.

약속 장소는 유명한 S 커피점 근방이라고 했다. S 커피, 못 푼 숙제를 풀어야 할 기회였다. 수필집 발간을 축하한다면서 세대가 확 차이 나는 귀엽고 예쁜 문우가 카톡으로 보내 준 커피 한 잔. 그냥 축하 이모티콘인 줄 알았는데 매장에 가면 커피로 교환할 수 있는 기프티콘이라 했다. 모바일로 받아 본 건 처음이라 감동했더니 장난을 걸어왔다.

"숨겨 놓은 남자분 보여주시면 한 잔 더 추가로 보내드릴게요."

"있는데…."

"막연하면 안 되고 누군지 말해줘야 보냅니다."

"있어 그런 분. 미스터 S라고…"

"S 그분은 우리 모두에게 그런 분인걸요."

청바지와 차콜그레이 남방에 샌들을 신은 모습은 보통 패

셔니스트가 아니면 소화할 수 없는 시크한 비주얼. 세월을 초월한 세련된 분위기의 우리 스승님이다. 여타 한 부분은 내가 감히 말할 수 없지만 의상 언급은 내가 할 수 있는 부분이다.

그래도 보내 준 한 잔을 더한 두 잔을 아끼다가 반년이 지나버렸다. 계산대에서 기프티콘을 내보였더니 유효기간이 지났다면서 다시 사용할 수 있는 방법을 설명해 주었다. 복잡하게만 느껴져 아예 누가 해줬으면 좋겠다는 생각만 앞섰다. '팔았으면 주면 되는 것이지 기간을 왜 만들었을까?'라고 혼잣말을 하는데 옆에 서 있던 사십 대 정도 되는 남자가 한심하다는 표정으로 한마디 했다

"쓰여 있는 대로 하면 되는데 한글도 모르세요?"

순간 이마를 한 대 쥐어박힌 것처럼 띵했다. 가만히 있을 나도 아니었다. 일단 호탕하게 웃었다. 정신을 가다듬고 나도 펀치를 날렸다.

"거~ 심하다! 그대나 잘하시오."

내가 목소리를 너무 깐 때문이었을까. 찍소리 않고 그 남자는 곧 가버렸다. 되돌려 세워놓고 더 납작하게 만들고 싶었다. 언젠가부터 나도 모르게 한 풀 꺾는 현상에 떫지만,

거기에서 멈췄다. '너도 내 나이 돼 봐라!'라는 말을 하지 않은 건 그나마 다행이었다. 이 나이를 나도 인정하고 싶지 않으니 말이다.

  내가 젊었으면 애호박을 들고 종로까지 갔을까. 세월이 갈수록 하찮은 것에 집착하는 것 같고. 맛도 맛이지만 싱싱하다는 것에 필요 이상의 의미를 두는 것 같고. 초라해진 모습에 노여움이 생기고. 호박 때문에 축 처진 헝겊 가방을 그 남자에게 들킨 것 같기도 하고…. 결국은 직원의 도움으로 캐러멜 마키아토를 태연한 척 마시긴 해도 씁쓸했다.

  왜 내 마음 씀씀이가 예전 같지 않지? 하찮은 호박 나물에 마음 상한다더니 남자 말에도, 무거운 호박도, 생각하니 짜증이 났다. 뒤틀린 심사에 가방이 더 무겁게 느껴졌다. 그날 만나는 사람들은 애호박을 나눌 정도로 가까운 사이도 아닌데 그걸 내밀면 내가 궁상맞게 보일 것만 같았다. 약속 장소로 가는 길에 청국장집이 보였다. 불쑥 들어가 주인 여자에게 호박 다섯 개를 쏟아 부어버렸다. 돈벼락이라도 맞은 것처럼 놀라면서 호들갑을 떨었다. 횡재라고.

  그날 반질반질 윤기나는 애호박은 억울했으리라. 경기도 화성 텃밭에서 종로 바닥까지 가 예쁨 좀 받나 했을 텐데….

한 입으로 온 까마귀질 한다. 호박이 넝쿨째 들어왔다고 행운이라 했다가, 하찮은 호박 나물에 맘 상했다고 존재 자체를 폄하하기도 한다. 그날 나도 억울했다. 늙으면 노란 베타카로틴 덩어리가 되어 더 가치를 인정받는 늙은 호박. 나는 호박 덩어리만도 못한 것 같아서.

북데기 아주머니

 해 질 녘, 북데기 아주머니가 왔다. 몇 발 뒤에는 낯선 여자가 서 있었다.
 "엄마는 어디 갔노?"
 "전주 가셨는데 오늘 안 오세요."
 그랬는데도 불쑥 방으로 들어섰다. 하긴 전에도 스스럼없이 밥을 먹고 가곤 했다. 머리 모양이 엉클어진 짚 뭉텅이 같아서 북데기라는 별명이 붙었는데 그날도 북데기 머리를 디밀어 자기네 밥상인 양 앉았다. 같이 온 여자는 미안해하는 기색이었다. '북데기'는 경상도 사투리가 심해서 절반은 알아들을 수가 없었다. 억센 말투만큼이나 모습도 행동도 부산스러워 왈가닥 같았다.
 전기가 들어오지 않는 컴컴한 시골 동네. 전깃불이 보고 싶어서 오밤중에 십 리를 달려가서 보고 왔다는 북데기와

전주에서 시집온 엄마는 친정이 도시라는 점과 근방 사람보다 좀 더 배웠다는 공통점으로 우호적이었다. 서로 통하는 구석이 있어 자주 왔는데 어느 날부터 엄마는 정신 사납다면서 싫어하는 눈치였다. 그래도 우리는 차분한 엄마에게서는 볼 수 없는 그의 들썩거림이 오히려 좋았다.

늦가을이라 제법 쌀쌀했다. 이십 분만 걸어가면 자기 집인데 밥상을 물리자 아랫목에 길게 누워버렸다. 같이 온 여자가 안절부절못했다. 그러면서도 그가 하자는 대로 할 수밖에 없다는 듯 따랐다. 돌연 나는 그 여자의 갸름하고 하얀 얼굴에 가는 눈, 핏기 없이 부어올랐던 어떤 얼굴이 겹치었다. 몇 년 전, 지서 앞에서 보았던 '그 여자!' 그 사이 머리를 틀어 올렸고 전보다 늙었어도 알아볼 수 있었다. 하지만 나는 그 여자를 아는 체할 수는 없었다. 봐서는 안 될 것을 본 것처럼.

오두막 같은 지서는 양철 지붕에 유리를 낀 문 때문에 그나마 관공서다운 모양새는 냈다. 지서의 문이 열리고 한 여자가 천천히 걸어 나오고 있었다. 여자는 석양빛에 눈이 부시는지 휘청하더니 이마에 손을 올렸다. 이내 흐트러진 머리칼을 쓸어 넘기고 옷매무시를 가다듬었다. 얼굴은 멍이 들고 입술은 터져 피가 맺혀 있었다. 하얀 블라우스의 앞자락과 안개꽃 같은 작은 꽃무늬 치마가 피로 얼룩져 있었다. 시골 동네에서 쉽게 볼 수 없는 뽀얀 얼굴과 세련된 모습. 여자는 지친듯하면서도 수줍은 표정이었다.

잠시 후, 지서 문이 삑삑한 소리를 내며 열리더니 순경 모자를 쓴 남자가 나왔다. 중년쯤 돼 보이는 남자는 여자 옆에 자전거를 세우고 안쓰럽다는 듯이 말했다.

"타."

여자가 수줍은 표정을 지으며 순순히 탔다. 꽉 잡으라는 남자의 손짓에 여자는 또 수줍은 표정을 지었다. 여자는 슬그머니 남자의 허리를 휘어잡았다. 그들은 한적한 길을 느릿느릿 달렸다. 그들의 뒷모습을 보며 지서 안에서 무슨 일이 있었을까… 호기심과 의문이 아홉 살 내 머릿속에 가득 차올랐다. 그 남자에게 피가 나도록 두들겨 맞은 거 같은데…. 허리를 껴안은 이유를 이해할 수 없었다. 때리고도 여자를 태워주는 남자의 친절은 또 뭔가. 무엇보다 수줍은 듯한 그 여자의 미소는 내겐 풀 수 없는 숙제였다. 바로 그 여자였다. 기분이 묘했다.

그날 밤 북데기와 여자는 내가 잠이 들었다고 생각했는지 작은 소리로 속삭였다. 평소 북데기답지 않게 진지했다. 여자가 수원에 가고 싶다고 말했다.

"니가 가지 말고 오락캐라."

"그러다가 걸리면요."

"니가 눈에 안 보이면 더 의심받는데 우짜겠노?"

나로선 무슨 말인지 이해할 수 없었다. '수원'이란 지명만 뚜렷한 채로 나는 잠이 들었다.

다음 날 아침 여자는 우물가에서 얼굴을 씻고 있었다. 주위를 맴돌며 자꾸만 묻고 싶었지만 용기가 나지 않아 속으로 삼켰다.

'그날 지서 앞에서 본 사람 맞죠?'

'그런데 자전거는 왜 탔어요?'

이틀 후, 돌아온 엄마는 그들을 재워줬다고 무척 화를 냈다. 그런 엄마를 이해할 수 없었다. 엄마도 밥 주고 재워주기도 했으면서 우리에게는 왜 그랬는지 나중에야 여자 남편이 골수 공산당원이었다는 것을 알았다. 더구나 6·25 때 있는 사람들을 부르주아라며 총살할 때 앞장서서 설쳤던 인간이 여자 남편이라고 했다. 공산당이 전염병 환자보다 무서웠던 시절, 우린 분노했고 전율했다. 그 후로 엄마는 그 여자를 데리고 왔다는 이유로 북데기를 더 싫어했다. 그러는 엄마가 온당하다고 생각했다.

여자는 늘 감시당했다. 여자 남편이 저지른 만행을 생각하면 그 여편네는 맞아 싸다고 했다. 지서에서는 여자 집에 수시로 들락거렸다. 순경이 지게 작대기로 아궁이를 쑤셔 봤다더라, 부엌 헛간에 굴이 있었다더라, 북으로 가다 어느 곳에서 숨어 지낼 거라, 남편이 없는데 그렇게 얼굴이 반질반질 할 수 있냐는 둥 동네엔 소문이 무성했다. 여자는 그래도 남편이 숨어 있는 곳을 끝내 불지 않고 수모를 다 받아냈다. 사람들은 여자를 '김 안 나고 뜨거운 미역국 같은 년'이라고 했다.

세월이 흘러 부역자에 대한 사회적인 분위기가 느슨해지고 피해자의 마음이 누그러졌어도 여자 남편은 끝내 고향에 돌아오진 못했다. 여자가 환갑이 지나고서야 수원으로 갔다는 소문을 들었다.

시간이 가면 시대적 상황도 달리 해석된다. 고문도 그 여자의 이념을 이기지 못했다고 했지만, 여자에게 과연 그것이 이념이었을까. 북데기는 사람들이 인식했던 것처럼 빨갱이 여자나 데리고 다니는 생각 없고 외떨어진 사람이었을까. 그러나 달리 해석되지 않는 것도 있다. 어린 내 눈에 보였던 외진 시골 지서에서 저항할 수 없는 여자와 공무 집행을 핑계로 가학적이었던 남자. 나는 무엇을 상상했던 것일까.

작년에 고향에 갔을 때 구십을 바라보는 전직 정보과 형사의 말을 전해 들었다. 그는 북데기와 여자를 기억했다. 여자 남편이 수원에서 여자를 찾아와 숨어들면 북데기 아주머니가 자기 집 대밭에서 그들을 만나게 해주었다고 했다. 그 당시 빨갱이를 숨겨 주다 발각되면 그 인생도 결코 순탄치 못했을 텐데…. 천방지축이라 했던 그녀에게 그런 가슴이 있었다는 것이 의외였다. 정작 그녀는 그 일에 대해서 함구한 채로 세상을 떠났다. 경찰관은 그녀를 '인간적인 사람'이라고 회고했다. 인간적이란 말은 측은지심의 변형일까. 북데기 아주머니에게 '휴머니스트'라는 표현이 적절한지 모르겠다.

경치가 수려한 마을의 문제

 나지막한 산으로 둘러싸인 시댁 마을. 거기서 좀 더 들어가면 돌연 산세가 깊어지면서 계곡이 빼어나게 아름답다. 우리는 휴가를 어디로 갈까 고민할 필요가 없었다. 주로 가을에 가곤 했는데 그때쯤엔 쇠락한 토담 아래 하얀 구절초가 진한 향기를 뿜어냈다. 누가 언제 쓸었는지 고샅길에 비질 자국이 남아 있는 한적한 마을. 어디든 카메라를 대면 작품이었다.

 방송에서 전원생활이나 목가적인 풍경이 보이면 나도 관심이 가던 때였다. 전에는 오지라 거들떠보지도 않던 타지 사람들의 관심이 부쩍 커지기 시작했다. 30여 가구나 되는 작은 마을. 우물터는 메워져 지금은 없다. 예전엔 그 옆에 부부와 삼 형제가 살았는데 첫째와 둘째 아들은 가끔 우리 시댁 농장에 일하러 오곤 했었다. 순박하고 부지런한 사람들이었다. 그런데 땅값이 오르자 형제가 재산 상속 문제로 다툰다는 소문이 들렸다. 급기야는 난투극이 벌어졌다. 보다 못한 아버지가 우물에 몸을 던져 생을 마감했던 일이 있었다.

그런 일이 있고 몇 년 후, 우리 시댁도 유산을 분배할 시점이 되었다. 평소에 땅을 기부하겠다시던 아버님은 고집이 센 분이긴 했지만 기부할 거라고 믿지는 않았다. 다만 독특한 성격이라 보편적인 분배가 될지 그건 장담할 수 없었다. 그러나 그마저도 정신이 흐려지니 일곱 형제가 의견을 모으면 될 일이었다. 상속 문제로 최악의 상황을 목격한 동네 사람들은 남의 집 상속 문제에도 관심이 많았다. 근방에서는 우리 시댁도 만만치 않은 일이 벌어질 거라고 수군댔다. 나도 그렇게 생각했다.

드디어 모이자는 연락이 왔다. 남편과 나는 좋으면서도 걱정이었다. 순조롭게 의견이 모아질 것 같지 않아서였다. 형제 중에는 타고난 예술적 재능을 현실적으로 풀어가지 못하는 이가 있었다. 기운이 천하장사인데다 이유 없는 피해의식이 발동하면 누구도 감당할 수 없었다. 또 한 형제는 건강하지 못하니 도와줘야 마땅했다. 더구나 부모님이 주시는 건데 그 형제에게 어느 정도 양보하면 될 것 같았다.

그건 내 생각이었다. 남편은 똑같이 나눠야 다른 형제들과도 문제가 없다고 했다. 말하자면 법대로 하겠다는 말이다. 나도 모르게 최악의 시나리오를 떠올렸다. 남편과 시동생의 덩치가 비교되면서 본능적인 방어였을까. 어떻게 하든 분란만은 막고 싶었다. 게다가 얼마 전 옆 동네에서 벌어졌던 '법대로 하라'는 사건을 생각하지 않을 수 없었다.

그 집은 터가 좋아서 자식들이 출세했다고 모두 부러워했다. 다섯 남매 중 큰딸은 초등학교만 졸업하고 부모를 도와 남동생들 뒷바라지하다가 결혼해서 근방에 살았다. 네 아들 중 둘은 법조인, 한 명은 의사, 둘째만 좀 떨어진 곳에서 농사지으며 근근이 살아가는 형편이었다. 홀로 남은 아버지가 돌아가시자 상여도 나가기 전에 상속 문제로 시비가 붙었다.

먼저 말을 꺼낸 둘째가 '누나 반, 자기 반'으로 상속해달라고 하자 장남인 판사와 의사, 변호사인 두 동생은 못 한다 했다. 그러자 큰딸이 중학교도 못 가고 동생들을 '士' 자 만드느라 청춘을 다 바쳤다, 아버지가 평소에 둘째랑 반반씩 나눠주고 싶어 하셨다면서 대성통곡을 했다.

"이까짓 시골 땅 없어도 출세한 동생들은 서울서 잘 살잖아."

'士' 자 셋은 아버지한테 들은 바 없고 누님한테 희생을 강요한 적 없다면서 전혀 그럴 맘이 없자 둘째가 연장을 들고 나타났다. 순식간에 장독이 박살이 나고 아무 죄도 없는 감나무는 동강이 나도록 찍혔다. 초상을 거들어 주러 갔던 동네 사람들은 은근히 큰딸과 둘째 편이었다. 사실 근방 사람들은 '士' 자들이 양보할 줄 알았다. 그러나 큰딸과 둘째의 욕심만큼이나 '士' 자들도 그에 못지않았다. 급기야 큰딸이 조상신을 불러 물어보자며 당골래 무당을 불렀다. 둘째가 가담해서 누구든 방해하면 상여는 못 나간다고 으름장을 놓았다.

결국 굿판이 벌어졌다.

'士' 자들은 창피했던지 동네 사람들을 다 돌려보냈다. 밤이 이슥해지자 혼을 불러들이는 꽹과리와 징 소리가 요란했다. 그날 밤 동네 사람들 귀는 모두 그 집으로 향했다. 새벽녘에야 조상신이 무당에 빙의되어 전하는 말씀은 이랬다.

"법대로 해라!"

돌아가신 아버지의 뜻이 그랬는지 알 수 없는 일이다. 그

공수는 누가 들어도 큰딸과 둘째에겐 불리했다. 누나는 당 골래 앞에서 동생들이 '土' 자가 되게 해달라고 손바닥이 타도록 빌었을 텐데…. 사실 그럴 사람들도 아니었는데 감정이 치달아 이성을 잃자 그런 일이 벌어진 것이었다.

 나는 '우물 사건'과 '법대로 해라'처럼 망신살이 뻗칠까 봐 걱정됐다. 우리도 그러지 말라는 보장이 없었다. 그보다도 나는 언젠가 읽었던 단편소설의 한 대목에 더 마음이 쏠렸다. '신혼 때 영화 보고 오는 길에 남편이 남의 고구마 캐면서 서리 차원이라고 했다. 나는 어쩔 수 없이 망을 보았지만….' 고구마밭에서 나오며 히죽이던 남편의 모습에 평생 동안 마음을 접고 살았다는 얘기였다. 내용은 다르지만, 남편이 평소에 '두 동생을 도와주고 싶다'라고 했던 말과 '법대로 하겠다'라는 의견은 상충되는 것 같았다.

 나는 단호하게 말했다.

 "그 땅을 법대로 다 가져오면 내가 평생 당신을 존중하지 못할 것 같은데."

 그래도 법대로 하겠다면 하라고 했다.

 일곱 형제가 모이던 날, 시댁 농장에는 키가 미루나무만 한 형제들이 하나둘 도착하기 시작하는데 '바바리만 안 입었지, 주윤발 나오는 홍콩 영화 한 장면을 방불케 했다'라고 시댁 동네에 사는 친구가 말을 전했다. 남들이 보기에도 긴장감이 느껴졌던 모양이다.

여러 의견이 충돌할 즈음 셋째인 남편이 일곱 장의 쪽지를 나눠주고 각자 의견과 분배율을 쓰게 했다. 그럴 줄 알았지만 어이없는 의견도 나왔다. 똑같이 나누되 두 형제에게 네 형제가 20%씩 균일하게 떼어 주자는 남편의 쪽지가 채택됐다. 반발은 있었지만 부족한 형제에게 좀 더 주자는 말에 명분이 서지 않았다. 남편의 지혜로운 판단과 진행으로 시댁의 유산 분배는 의외로 싱겁게 끝났다.

그때쯤, 그 근방 땅값이 더 오른다고 들썩이자 동네 사람들은 예민해졌다. 자주 오지 않던 자식들도 들락거리고, 몇몇 집은 갈등의 전초전이 시작됐다. 사계절이 수채화처럼 경치가 수려한 마을의 문제는 사람들의 아귀다툼이었다. 그것은 돈이고 욕심이었다.

멋지게 지는 작전

 5교시가 시작될 무렵 스피커에서 배구 시합을 알렸다. 고3이라고 달달 볶더니 무슨 일인가 싶었다. 수업이 없는 건 신나는 일인데 대진표를 보니 한심했다. 상대 반은 배구 선수가 한 명 있는 데다 우리는 체구도 체력도 기술도 턱없이 부족했으므로. 그러나 각축전이 벌어진 시합은 우리의 승리였다. 우리 반 함성은 하늘을 치받을 것처럼 폭발적이었다. 2002년 월드컵 신화나 다름없었다.

 내가 봐도 상대 반은 어이없는 패배였다. 우리는 이기고도 눈치를 보며 교실로 들어가려는데 상대 반 담임 선생님의 표정이 심상치 않았다. 자기 편 코트 라인에 서서 우리 볼이 라인 밖으로 나갔다는 듯 그 지점을 발로 툭툭 찼다. 우리는 한방 세게 얻어맞은 기분이었다. 선수들이 마주 보고 인사까지 하고 끝난 마당에 뭔 해괴한 행동인지 당최 수긍할 수 없었다. 패배한 반 담임 선생님이 자기 반 편을 들어 번복하려는 것은 아닐까. 우리 반 승리의 열광은 분노로 방향을 틀었다. 팽창할 대로 팽창한 압력밥솥에서 솟구치는 수증기 같았다. 상대 반 아이들도 담임 선생님의 행동이 의외라는 듯 어정쩡한 태도를 보였다. 그러다가 슬그머니 교실로 들어가고 말았다.

녹화했다면 경기 장면을 되돌려 보고 사실 여부를 가리겠지만 1972년에 그런 시설은 없었다. 우리는 분기탱천했다. 선생님께 대들 수는 없고 우리끼리 악다구니를 쓰며 성토했다. 담임 선생님이 여자라서 우리를 무시하는 거라는 젠더적인 발언까지 서슴지 않았다.

우리의 설레발에 상대 반 담임 선생님께서는 다른 선생님께 동조를 구했다.

"선생님, 선생님도 후반전 중간쯤에 공이 라인 밖으로 나간 거 보셨지요?"

그러자 K 선생님은 머뭇거리셨다. 황당해서 몸 둘 곳을 몰랐던 우리의 눈이 튀어나와 K 선생님 입 언저리로 향했다. 그때 우리는 선생님의 흔들리는 동공을 보았다. 말을 밀어내지는 않았지만 '경기도 끝났는데 그럴 필요가 있을까요?', '심판 본 선생님의 입장도 있는데요.'라는 복잡 미묘한 표정이었다.

바람의 몸짓이라도 그려낼 것 같은 감성을 지닌 우리가 선생님 표정을 못 읽을 리 없었다. 그 상황이 억울하고 싫었다. 몇몇 친구가 이건 누가 봐도 편파적이라고 담임 선생님께 울분을 토했지만 우리 반 선생님은 무표정으로 말이 없었다. 대체 선생님은 누구의 편인가. 우린 그런 담임 선생님도 싫었다.

판정에 불복하는 상대 반 선생님. 중용의 도를 지키려는 우리 반 선생님. 결국 직장 동료의 손을 들어준 심판 선생님. 우리는 선생님 세 분을 각각 이해해드릴 수 있는 나이가 아니었다.

얼마 후.

배구 시합으로 고3의 체력단련과 사기를 높였다고 판단했는지 이번에는 줄다리기 시합을 한다고 했다. 그런데 또 배구 시합했던 반과 붙게 되었다. 왜 하필 그 반일까? 이긴 것도 진 것도 아니며 선생님께 저항하는 꼴만 보인 배구의 한이 채 가시지 않은 우리에게는 고비였다. 한 마디로 가혹한 대진표였다. 줄다리기는 묘수가 있는 것도 아니고, 단순하게 힘만 쓰는 경기 아닌가.

친구들은 비 맞은 중 구시렁거리듯 말을 우물거렸다.

"C반이라고? 무슨 운명의 장난이래?"

"그 덩치들을 무슨 수로 당해?"

"우리 깨구리되는 거 아니야?"

"걔네들이 우리를 끌고 운동장을 몇 바퀴는 돌겠다."

우리로서는 몸뿐만 아니라 영혼까지 돌 일이었다. 저항의 표시로 상대 선생님 수업 시간에 방관하는 태도까지 보이지 않았던가. 초라하게 끌려갈 우리 모습을 보여 줄 상대 선수보다 그 선생님의 시선이 더 걱정이었다.

모두 상심하는 가운데 누군가 반짝이는 아이디어를 들고 나섰다.

"우리는 질 수밖에 없다. 지더라도 멋지게 지는 건 어때?"

멋지게 지는 작전. 그 누군가가 황제 책사 수준의 묘책을 제시했다. 그러면 상대에게 번복하지 못할 충분한 이유를 안겨 줄 거라며 우리는 쾌재를 불렀다. 지극히 단순한 작전이어서 어려울 건 없었다. 상대가 우리를 얕잡아 봐도 우리는 넉넉한 마음일 수 있었다. 이길 수 없는 싸움에 곧이곧대로 나서면 질 수밖에 없는 법. 《손자병법》에 져도 멋지게 지라는 대목이 있기는 한 걸까. 어차피 병법은 속임수를 바탕에 깔고 가는 것이다. 적을 알고 나를 알면 백 번 끌려가도 위태롭거나 억울할 일은 없었다.

드디어 결전의 순간이 왔다. 역시나 우리는 질질 끌려가고 있었다. 아담한 몸매에 얼굴도 예쁜 친구가 끌려가는 우리 곁을 따라가면서 구령을 붙였다.

"하나! 둘! 셋!"

우리는 '셋!'에 모두 손을 놔 버렸다. 순간 상대 선수들은 저 멀리 나가떨어졌다. 우리는 그렇게 배포 유하게 상대 반에게 승리를 안겨 주었다. 그 얼마나 대인인가. 반 아이들은 포복절도했다.

우리 반 선생님이 버럭 화를 내셨다.

"웃어, 웃음이 나오니?"

"어디까지나 운동 경기인데 너희들은 비겁한 거야."

"가서 선생님께 죄송하다고 말씀드리고 그 반 아이들에게 사과해."

죄송하지만 우리는 아무도 그럴 마음이 없었다. 선생님도 당돌한 우리를 당해낼 재간이 없었던지 그날 일은 그럭저럭 지나갔다.

우리는 반항의 표시로 그렇게 복수극을 벌였다. 세월이 많이 흘러 돌이켜 보니 복수라고 할 것도 없는 유치한 장난이었다. 그래도 재미있었다. 입시 스트레스가 꽉꽉 찼을 때 경기 승리는 가슴을 뻥 뚫었다. '하나, 둘, 셋!'에 맞추어 줄다리기 줄을 놓아줄 때의 그 손맛은 묘한 쾌감이었다.

배구공은 라인 밖으로 나갔을 것이다. 선생님은 사실을 바로 잡고 싶으셨던 것일 뿐.

콩밭 열무

'콩밭 열무'가 있었다. 콩이 한 뼘 이상 자랐을 때 고랑에 씨를 뿌려 키웠던 열무. 왜 콩밭에 열무 씨를 뿌렸을까. 여름 땡볕에는 열무가 자라지 못하고 질겨지니까 콩밭 고랑에 열무 씨를 뿌려 웃자라게 키우는 것이다. 그늘에서 자란 열무는 연둣빛이었는데 무척 연하고 부드러웠다. 열무라는 이름이 '여린 무'에서 유래됐듯이.

콩밭 열무는 손만 대도 꺾어질 정도로 여려서 칼로 자르지 않고 손으로 뚝뚝 부러트려 살짝 절였다. 여름 배추가 없었던 그 시절에 김치로는 단연 열무김치였다. 돌확에 마른 고추를 물에 불려 갈다가 몽글게 됐을 때 젓갈과 마늘을 넣고 마지막에 밥을 한 덩이 넣어 갈았다. 젓갈이나 밥을 함께 넣으면 미끄러워 고추가 갈리지 않으니, 나중에야 밥을 넣어 갈아 담갔던 내 고향 콩밭 열무김치. 이제 찾아볼 수 없는 추억 속의 맛이 되고 말았지만 김치를 담그던 풍경은 어제 일처럼 떠오른다.

돌확에 고추 갈아 김치 담그는 건 여름날의 일상이었다. 그중에 고모가 열무김치 담그는 과정은 어떤 의식을 치르는 듯했다. 우선 김치 담그기 전 주변을 깨끗이 정리하고 김치 항아리를 씻고 또 씻어 볕에 말렸다. 이리저리 굴려 말린 항아리를 노련한 도공이 작품을 검수하듯 꼼꼼히 들여다보고 뚜껑을 덮어 서늘한 그늘에 들여놓았다. 항아리에 열기가 있으면 김치가 시어지는 것을 막기 위한 이유였을 것이다. 돌확을 씻는 일은 더 치밀했다. 대나무를 잘게 가른 솔로 박박 문대고 물로 가셔내기를 여러 번 거친 뒤에 흰 가제수건으로 닦아내고 마르기를 기다렸다가 짚에 불을 붙여 소독했다.

청결하기로는 타의 추종을 불허하는 고모는 음식 솜씨도 끝내주었다. 김치를 담그는 과정은 더 말할 필요도 없이 정성스러웠다. 고모가 간 고추 색깔처럼 선명한 붉은색은 본 적이 없다. 그렇게 간 고추를 대강 긁어내고 쌀보리를 걸쭉하게 삶아서 받쳐 두었던 건더기를 알맞추 갈다가 다듬어 놓은 황석어젓을 넣고 간다. 황석어 대가리에는 사금파리 같은 하얀 뼈가 있다. 보통 사람들은 득득 갈아버리는데 고모는 일일이 다 골라냈다. 음식은 정성이며 청결이라고 말하지는 않았지만, 모범답안을 보여주었다. 준비한 양념에 콩밭 열무를 넣고 되직하게 겉절이를 버무린 후에 또 한 가지는 보리밥 삶은 물로 돌확을 부셔 잘박하게 부은 콩밭 열무김치도 담갔다. 고추를 간 돌확에 직접 김치를 담그거나 거기에 밥을 비빈다거나 하지는 않았다. 음식에 대한 품격 같은 것이었는지도 모르겠다. 내가 그 맛에 지금도 경탄하는 것은 청결을 전제로 해서 더 그랬던 건 아닐까. 아삭하면서도 착착 감기던 콩밭 열무김치. 내가 아이를 갖고 5개월 넘게 입덧이 계속되다 입맛이 돌아왔을 때 체면도 없이 식욕이 당기면서 콩밭 열무김치가 미치게 먹고 싶었다.

결혼하고 이화동에 살 때였다. 골목 입구에는 약국, 문방구, 구멍가게와 식당이 있었고 안쪽으로 작은 기와집이 들어차 있었다. 내가 사는 집과 옆집 대문은 옆 방문인 것처럼 가까웠다. 옆집에는 아들 내외와 육십 후반쯤의 아주머니가 살았는데, 굳이 확인하지 않아도 말씨로 봐서 고향 사람이었다. 아주머니는 채소를 다듬거나 곡식을 가릴 때는 대문 앞에서 하곤 했다. 그날은 배추를 다듬으며 혼잣말했다.

"우리 애 아부지가 솎음배추 김치를 참 좋아했었는디…."

돌이킬 수 없는 얘기로 들려서 물었더니 아주머니 눈두덩이가 금세 벌게졌다. 며칠 후면 1년 상이라 김치를 담근다고 했다. 이맘때 솎음배추는 덜 여문 풋내가 난다며 '그 맛을 참 좋아했는데….'라고 몇 번인가 되뇌었다. 풋내 나는 김치가 무슨 맛일까. 배추가 숨이 죽는 동안 아주머니는 홈이 파인 쇠 절구에 마늘과 생강을 넣고 찧으면서 말했다.

"참 이상혀. 계절이 여수(우) 같당게."

"한여름 열무김치는 돌확에 고추를 갈아 담그고 김장 솎음배추부터는 고춧가루로 담아야 혀."

황석어젓에 쪽파를 곁들인 겉절이김치. 보기만 해도 침샘이 팽팽하게 당겼다. 아주머니는 김치 한 가닥을 돌돌 말았다. 나도 모르게 입을 내밀었고 동시에 내 눈은 똥그래졌다. 오감을 자극했다. 시들했던 모든 감각이 살아나는 것 같았다. 솎음배추의 덜 여문 풋내. 듣기 전에는 초가을에 먹던 김치로만 알았는데 그 맛을 제대로 표현하지 못했었다. 오랜만에 느껴보는 고향의 맛. 콩밭 열무김치를 대신해주는 것 같았다.

그 후로도 아주머니는 김치를 담글 때면 나를 불렀다. 김치를 버무리는 함지박 앞에 쪼그리고 앉아 간을 본다는 핑계로 속이 쓰리도록 먹었다. 그리고 저녁밥에 먹을 것까지 한 보시기 얻어오기도 했다. 가까워진 아주머니는 아이가 건강해지려면 엄마가 잘 먹어야 한다는 말을 수시로 내게 했다. 내가 잘 먹다가도 무안해할까 봐 배려한 말이었을 게다.

체구가 컸던 아주머니는 고모 같아서 더 정이 갔다. 지금은 사라진 콩밭 열무와 고향 얘기를 하며 그때를 그리워했다. 비 온 뒤 콩밭에 열무를 뽑으러 가면 떠내려갔거나 습해서 열무가 녹아버리고 흔적도 없어서 허탈했다는 얘기. 씨를 뿌리면서도 비가 오면 떠내려갈 것을 예상했고, 싹이 나와 자랐다 하더라도 비가 많이 오면 물러 썩거나 문드러지면 하늘의 일이려니 당연하게 받아들였다. 예나 지금이나 농사는 사람 힘과 의지로만 되는 게 아니고 하늘이 거들어야 하는 영역이니까.

콩밭의 열무. 식물이 웃자란다는 것은 치명적일 수 있다. 햇빛을 보지 못하고 지나치게 많이 자라서 연약해지면 꽃을 피우지 못하고 수확량은 줄어든다. 그러나 콩밭 열무는 다르다. 오히려 콩밭의 습한 그늘에서 햇빛을 찾으려 줄기를 길게 뻗어 웃자람으로 가치를 높인다. 땡볕을 피해 아삭하고 부드러웠던 열무. 콩밭의 유순한 그늘에 열무를 심은 그 지혜는 지금 생각해도 내가 배워야 할 일이다.

시간 너머에 있는 것들 하나가 그때의 콩밭 열무가 아닐까 싶다. 지금도 콩밭 열무는 심을 수는 있겠지만 고모가 담갔던 김치 맛을 재현할 수 있을까. 돌확도 항아리도 없어서 그 맛을 살릴 수 없을 거라는 생각은 핑계일지도 모른다. 고향 가까운 논산에 '콩밭 열무 축제'가 있다는데…. 예전 그 맛이 조금이라도 남아 있다면 좋겠다.

누가 더 살아 있는 걸까

 쉬는 것이 죄처럼 여겨지는 사회, 다들 바쁘다. 아파트 3층에서 광장에 쏟아지는 비를 바라본다. 빗줄기는 하늘에서 투명 실을 매달아 드리운 것 같다. 내리꽂다 지표에 부딪는 찰나 수직선도 각도도 사라진다. 단순 반복적으로 이뤄지는 그 진행이 은근히 중독성 있어 몰입하게 한다. 생산성이나 창의력과는 전혀 관계없이 멍청히 바라보는 행위, '비멍'이다.

 진짜배기로 여유 있는 삶이란 한때는 비라고 생각한 적도 있다. 현실을 접고 인도의 아삼이라던가, 체라푼지라고 했던가. 그런 곳에서 비로 가린 추상화 같은 풍경에 갇혀 살아 보고 싶었다. 누가 흔들어 주지 않으면 가위눌린 것처럼 비에서 헤어나지 못할 정도였다. 그때 같은 단지에 나보다 한 살 위인 '제니'가 있었다. 그녀가 키우는 바둑이 이름인데 자기를 '제니 엄마'라고 불러달라 했다. 나는 강아지 이름으로 부르는 게 편해서 그녀를 '제니'라고 했다.

그녀가 하루는 전화를 걸어 와, 억수로 쏟아지네, 라고 했고 나는 그러네, 라고 대꾸했다. 다시 그녀가 아까보다는 덜 오네, 하더니 비 오는데 생각 나는 게 없냐고 멈칫거리며 물었다. 그제야 그녀가 말하고자 하는 게 술 한잔이라는 걸 알아챘다. 내 반응이 시원치 않자 제니(바둑이) 운동이나 시켜야겠다며 전화를 끊었다. 비를 보면 멍해지는 내 습관을 방해한다는 것에 그를 소홀하게 대한 것은 아닐까 싶었다. 비를 보면 자연스럽게 막걸리와 김치전이 연결되는 애주가의 인식 능력은 얼마나 구체적이고 현실적인가. 비를 좋아한다면서도 빗속을 우산 없이 걸어 볼 의지도, 제니처럼 술 한잔 하고 싶은 감정도 없는 나의 실천적 무능함이라니. 그녀가 나보다 훨씬 낭만적인 사람 같았다.

하기야 제니가 감상적인 사람이라는 것은 만나는 순간 느꼈다. 그녀를 처음 만났던 곳은 재활용분리수거장에서였다. 긴 머리를 늘어뜨린 늙은 여자가 플라스틱 재활용 포대에 귀를 기울였다. 분명히 뭔가를 확인하려는 자세였다. "째깍째깍." 포대 안에서 시계 초침 소리가 들렸다. 누가 내다 버린 시계였을 테다. 나와 눈이 마주치자 구원을 청하는 듯한 표정으로 말했다.

"어떻게 살아 있는 애를 쓰레기통에 버릴 수가…."

시계가 애도 아니지만 초침 소리를 생명에 비견하는 그녀가 예사롭지 않았다.

"아, 거슬리면 배터리를 빼세요."

"아무래도 그래야 할 것 같아요."

시계에서 말하는 알람이라도 흘러나왔다면 놀라 까무러치고도 남을 여자네, 생각했다. 순간 신의 계시라도 받은 듯 "따르르르르릉." 하는 소리가 울렸다. 여자가 질겁하며 물러섰다. 알람 소리가 끊기지 않을 것처럼 울리자 포대를 뒤적여 자몽만 한 탁상시계를 건져 올렸다. 낡았지만 앙증맞은 시계였다. 배터리를 분리한 그녀가 포대 깊은 곳에 시계를 조심스럽게 넣었다. 잘 가라는 이별 인사라도 하듯이.

그 후로 단지 내에서, 가까운 마트에서, 다시 재활용분리수거장에서 그녀와 마주쳤다. 내가 버리는 책을 챙겨가기도 했다. 우연히 산책길에서 만나면 같이 걷고 차도 마시고 술도 마시고…. 어느 날 한잔 마시더니 열아홉 때 얘기를 필터 없이 풀어냈다.

"나는 생각도 안 했는데 이장님이 미스코리아에 나가보라는 거야. 군수님이 지역을 홍보하는 데도 기여한다나 어쩐다나 했다면서."

"젊었을 때는 이뻤겠어."

"일단 지방에서 거쳐 서울로 올라가잖아."

"그런가?"

"이장이 주최하는 관계자한테 소개했는데 딱 봐도 시큰둥하더라구."

"보는 눈이 다 다르니까."

"다르긴 뭐가 달라. 한심했겠지. 내가 바로 옆에 있는데 그 남자가 이장한테 하는 말이…."

"뭐라 했는데?"

"'이장님 동네에서는 예쁘겠네요.'라는 거야."

그렇게 정면에서 얻어맞고 예선에서 탈락했어도 자기가 미인대회에 추천받았다는 사실만으로 마음이 흔들렸다 했다. 지나고 나니 밥 먹는 것만큼이나 사소한 일이었는데 그때 헛바람이 들어 인생이 꼬였다고 했다. 그때 술맛을 알았다는 얘기다.

"뭘 꼬여? 계절마다 야생화 보러 전국을 누비는데 멋지게 사는 거지."

"나는 작고 예쁜 꽃을 보면 그냥 지나칠 수가 없어. 이쁜 게 좋아."

"작가님, 그게 늙었다는 증거라네. 꽃 말고 다른 것도 찍어봐."

"작가? 핑계 삼아 공기 좋은 곳에서 술을 마시는 거지."

그녀는 예뻤을 것이다. 피부도 이목구비도 몸매도 마음도 또래에 비해 젊어 보였다.

비가 잦아들자 산책길에 바둑이보다 서너 배나 더 큰 털이 긴 개를 데리고 제니가 나타났다. 덩치 큰 저 개는 어디서 데려왔을까. 바둑이가 더 작아 보였다. 그들이 트라이앵글 모양새로 유유자적하며 걷는데 갑자기 비가 더 세차게 쏟아졌다. 장마철에 잠깐 그친 비를 그녀는 믿었던 걸까. 그야말로 폭우였다. 우산을 포기한 채 제니와 그의 일행은 오지도 가지도 못하고 길에서 갇혔다. 셋 다 덩치가 반으로 준 것 같았다. 개도 사람도 젖어버린 장면을 줌으로 당겨서 찍어야 하나 몇 초 동안 고심했다. 움직이기 싫은 나는 풍경 삼아 바라볼 뿐이었다.

큰 개가 빗속을 내달린다. 두 제니가 속절없이 끌려가다가 그들도 뛴다. 피할 수 없으면 즐기자는 심정으로 달리는 걸까. 막걸리와 김치전에는 반응하지 않았던 내가 정지 모드에서 풀린 듯 창가로 바짝 다가선다. 어느 고독한 여자를 그린 영화의 한 장면처럼 그럴싸해 보인다. 취하면 몇십 년을 거슬러 올라가 귀여운 척 연기하는 그녀의 모습이 오버랩된다. 술로 세상도 거꾸로 돌리는 그녀는 창밖에서 비에 젖고, 나는 보송보송한 실내에서 비를 바라보고 있다. 비를 온몸으로 맞는 여자와 비를 하염없이 관망하는 여자 중 누가 더 살아 있는 걸까. 죽어도 '혼술'은 싫다던 그녀가 비에 홀딱 젖어 가슴 털럭거리며 내달리는 모습을 보니 강렬한 감각이 느껴진다. 부러우면 지는 거라는 데 그녀 제니가 환장하게 부럽다.

갯벌에 지는 노을

 바다에 길이 나타났다. 바다 갈라짐 현상이 아닌 인위적인 길은 작은 섬까지 이어진다. 사람 발길에 으스러지면서도 붙어 있는 굴이나 따개비는 멋스러움을 연출하려고 데커레이션해놓은 것 같다. 인공의 시멘트 길은 바닷물에 수없이 잠기곤 하다가 바다와 한몸이 된 듯 자연스러운 모습이다. 갯고랑 고인 물에 작은 고기들이 제 깜냥대로 꼬리를 흔들고 어른 엄지손톱만 한 게들이 날듯이 내달린다.
 소금기 머금은 바람과 바다 고유의 갯내를 헤치며 펄의 검은 세상으로 들어간다. 그것은 어쩌면 갈매기 세상에 침범하는 일인지도 모른다. 해 질 녘, 이리저리 몰려다니며 불안한 듯 낮게 나는 바닷새의 울음소리. 할머니 손을 잡고 가던 예닐곱 살 정도 되는 여자아이가 "할머니, 새 소리가 엄마가 술에 취하면 내는 소리 같지 않아?" 그러자 할머니는 볼이 터질 듯이 웃었다. 딸? 며느리? 어쨌거나 주정으로 뒤집힐 듯 내는 '꽥꽥' 소리가 갈매기 소리 같다고 생각했는지. 나도 갈매기 소리가 세련되지 못하다고 생각했는데 아이의 비유에 그만 웃고 말았다.

내가 처음 바다를 보았던 때는 열다섯, 부산 해운대로 수학여행을 가서였다. 푸른 하늘과 바다를 경계도 없이 어지러이 나는 갈매기. 검푸른 파도가 바위에 부서지는 하얀 물보라. 그야말로 신세계였다. 충격이었고 그 여운은 길었다. 그래서일까. 그 모습이 전부인 것처럼 어떤 바다를 봐도 느낌이 없었다. 펄이 드러난 검은 바다는 상상할 수 없었다. 그런 확증 편향에서 나는 오래도록 벗어나지 못했다.

이제 내륙에서 산 시간보다 서쪽 바다에 더 오래 머물고 있다. 투명하지 않은 바다. 멀리서 봐야 그나마 바다였다. 오래, 그러다가 무심코 묵직한 질감의 개펄 위로 내리는 노을을 보았다. 흑진주처럼 빛나는 개펄에의 장엄한 노을. 검은 펄 위에 노을은 더 찬연한 빛을 발한다. 파도에 부서지는 찬란한 일몰도 아름답지만 개펄의 낙조는 신비한 침묵의 기운이 그득먹해서 나는 말을 잃는다.

노란빛으로 시작하는 노을. 방파제를 따라 쭉 늘어서 있던 카메라 삼각대에서 가끔 셔터 소리가 들리고 웅성거리던 사람들은 자리를 찾아 앉는다. 눈에만 담기는 아쉬운지 어떤 사람은 스마트폰을 들고 노을을 쫓아 달린다. 진즉부터 바다로 난 길에서 젊은 남자는 드론을 날리고 있다. 드론을 교묘히 피해 가는 갈매기들. 그의 아내로 보이는 여자가 불룩해진 배를 쑥 내밀어 뒷짐을 지고 잘 피해 가는 갈매기를 보고 있다. 지나가던 아이들은 신이 나서 소리를 지른다. 어둑해지는 풍경에 아기를 가진 젊은 여자의 실루엣. 뛰는 아이들. 노을이 배경이 되면 그 무엇도 아름답고 깊어진다.

거대한 갯벌에 펼쳐지는 노을의 서사는 볼 때마다 전율을 느낀다. 성스러운 〈아베마리아〉가 들릴 것만 같다. 아베마리아는 수평선으로 지는 노을보다 광활한 갯벌에 펼쳐진 노을에 더 어울린다는 것은 나만의 느낌일 수 있다. 나는 마리아는 잘 모르지만, 명상음악처럼 때로 음유시인의 노래처럼 듣곤 한다. 듣고 있노라면 마음이 고요해지고 아늑해지며 여린 잎새처럼 온순해진다. 두툼한 스카프를 두른 중후한 남자가 뉴 에이지 풍으로 부르는 아베마리아. 저쪽 방파제 끝에서 그런 버스킹이 한 번쯤 일어나지 않을까 하는 상상. 모두가 일어나 기립 박수를 보내고 부라보를 외치면서 저녁을 맞이하고 싶다. 하루가 끝으로 내달릴 즈음 울컥 목에 걸리는 기형도의 시 〈노을〉 한 구절이 바람처럼 스친다.

   우리들 이마에도 아, 붉은 노을이 떴다.
   그러면 우리는 어디로 가지?
   아직도 펄펄 살아 있는 우리는 이제 각자 어디로 가지?

글쎄, 나는 어디로 가는 걸까. 문득 아득해진다.
핏빛 노을이 강하게 피어올라 하늘과 빈 바다의 경계에 낮게 드리우더니 한 줄기 바람처럼 사라진다. 그토록 낭자하게 타오르다 아무 일 없었다는 듯 기습적으로 사라지는 광경. 그 순간에 내가 거기에 존재한다는 사실이 경이롭다. 순간일 수밖에 없어 더 아름답게 느껴지는 걸까. 저문다는 말은 언제 들어도 서늘하고 쓸쓸하다.

3장

외로우니까 카톡이다 ·

겨울 석양 ·

블랙워터 ·

우즈베키스탄 빵집 ·

인생은 핑크빛도 아니더라 ·

다행이다 ·

준비하는 거냐는 그 물음 ·

순자네와 시래기 ·

은빛 찬란한 ·

지금도 멋진 나이라고 말할까 ·

외로우니까 카톡이다

 카톡 울림에 눈을 떴다. 과천으로 이사한 '윤'이었다. 언제 밥 한번 먹자는 내용이었다. 통화하면 안 되느냐고 보내려다가 그러자고 답을 보냈다. 메시지엔 어조가 담기지 않으니 저쪽 의중이 모호할 때가 있다. '언제'라기보다는 '며칠쯤'이라고 했으면 괜찮았을까. 그의 톡 내용이 성의 없게 느껴졌다.

 윤이 말한 그 언젠가의 날은 비교적 빨리 왔다. 단순히 밥을 먹고 싶은 것은 아닐 테고 뭔가 할 말이 있는 듯했다. 만나자마자 윤은 문간방에 거주하는 남편과 주고받은 내용이라며 카톡을 보여주었다.

"밥 먹어."

"알."

"얼릉."

"알았다고."

 매우 놀랄 일은 아니지만 그 부부의 대화법은 그랬다. 톡을 하느니 문간방에 가 남편을 끌어내는 게 낫겠다고 하자 우리가 그런 사이가 돼버렸다고 자조적인 웃음을 지었다. 혼밥이 자연스러운 시대. 노년의 혼밥은 또 다른 얘기다. 자석의 힘이 다해 서로 밀어내는 형국이라 남편도 식탁에 같이 하기를 원하지 않는 눈치라고 했다. 말도 하기 싫어 카톡질인데 마주 앉아 밥 먹는 것은 고역일지도 모른다. 어쩌면 자연스러운 현상일까. 윤은 왠지 반쪽 같아서 마음 한 귀퉁이가 빈 듯하다고 했다. 얼굴 보고 하던 대화를 카톡이 잠식하더니 식탁에서 마주 앉는 것마저 앗아갔나? 윤은 한집에 살아도 얼굴 안 보고 지나가는 날도 있다고 했다. 어찌 윤뿐이랴. 카톡이 사이를 더 멀어지게 하는 것 같았다. 그런데 윤의 생각은 또 달랐다. 그나마 카톡이 있어 관계를 이어 간다고 했다.

 오전 9시면 칼처럼 달려오는 카톡이 있다. 칠십 중반 남자분인데 부인은 손자의 육아로 징발 중이다. 주말에나 오는 아내를 기다리는 게 외로워서일까. 아니면 아침 시간이 여유로워서일까. 아니면 심심할 친구들을 위한 배려일지도 모른다. 연달아 몇 개를 보낸다. 맨 먼저 도착하는 건 계절이나 그날 날씨와 관련된 사진이다. 꽃, 나무, 산, 사람 등 이미지도 다양하다. 서너 살 여자애가 오동통한 손에 작은 꽃을 들고 인사하는 사진은 깨물어주고 싶을 만큼 예쁘다. 그분 연세에는 풍만한 가슴의 농염한 여자가 맞지 않을까 하는 생각도 들었다.

단문의 글이나 동영상을 보내기도 한다. 얼마 전엔 '테스형'이라는 노래로 재등장한 가수가 코로나19로 지친 국민을 위로하고 힘을 내자는 취지로 15년 만에 연 공연 영상을 보내왔다. 놓쳤던 공연 실황 장면이라 여러 번 재생하고 고맙다는 표시로 이모티콘을 날렸다.

여기까지만 해도 아침에 안부 차 보내는 양으로는 많다. 사실 못 보고 지나갈 때도 있다. 요즘 오후에도 보낸다. 어쩌면 카카오톡이 그분의 외로움을 달래주는데 만만한 애인인지도 모르겠다. 오늘은 탈 듯한 붉은 장미를 보냈다. 꽃은 어찌 그토록 자지러지듯 붉게 피었다가 지고 마는가 하는 심경 아니었을까. 어쩌면 붉은 장미로 여럿의 외로움을 달래주고 온종일 아무런 기척도 없는 그들의 폰에 생명을 불어넣는 일인지도 모른다.

내게 몇 개의 단톡방이 있다. 그중 여고 총동문 단톡방은 회원이 몇백 명이다. 내로라하는 선배들이 있어 분위기가 엄숙하다. 주로 모교, 동문 소식이지만 가끔 음악이나 동영상, 좋은 글을 올리기도 한다. 며칠 전 대선배님께서 올드 팝을 올려놓았다. 몇 분 뒤 '이런 거 올리지 마세요'라는 기수를 알 수 없는 동문 글이 올라왔다. 문구가 거칠었다. 동문들의 표정을 볼 수는 없지만 대부분 죄송한 마음이었을 것이다. 어느 동문이 답을 올렸다.

"대선배님께서 톡을 올리시면 우리는 존중해야 합니다."

"선배님은 지금 거동이 불편하십니다."

병상에서 쓸쓸하셨을 텐데…. 가슴이 싸했다.

나는 얼굴 보고 대화하다가 유선전화를 거쳐온 세대다. 이제는 인터넷 온라인을 넘어 모바일 메신저 카카오톡으로 대화하고 소통도 한다. 눈을 뜨자마자 밤사이 들어온 톡도, 단골로 보내는 이의 링크 톡도 읽는다. 잠들기 전에도 카톡을 확인하고서야 불을 끈다.

그중에는 새벽부터 전송되는 카카오톡, 시도 때도 없이 날아드는 메시지를 귀찮아하면서도 궁금해하고 들여다본다. 마주 보고 말하는 것만큼 빠르니 즉각적인 소통은 좋지만

외로우니까 카톡이다 · 151

습관처럼 보내는 카톡은 오지 않으면 안부를 묻고 싶은 부담이 생긴다. 카톡이 보내는 사람에게 의지가 되고 존재감을 확인하는 수단이라면 보내는 사람의 외로움을 이해하고 싶어진다.

 기존의 대화 형태에 다른 개념을 끌어들여 이뤄지는 언어적인 관계. 카톡은 대화의 은유가 아닐까 싶다. 외로우니까 사람이듯이 외로우니까 카톡이다. "카톡카톡." 울림이 가을밤 귀뚜라미 울음소리처럼 외롭게 들린다는 건 나도 외로운 대열에 들어서는 징조일까. 다 그런 건 아니지만 어느 카톡에서는 눈물 나듯 외로움이 짙게 난다.

겨울 석양

 본능처럼 회귀하는 시간에는 내 유년의 하늘이 있다. 거기에는 믿지 못할 실체가 있었다. 잉걸불처럼 타오르던 석양. 지금 어린이가 보면 놀라 울음을 터트릴지도 모르는 밤하늘의 별. 그건 어떤 상징도 관념도 아니었다. 축포가 터지듯 황홀했고 꼬리가 길었던 몇몇 별똥별을 나는 지금도 기억한다.

 이미 지워져 돌이킬 수 없다고 포기한 별. 내가 사는 곳에는 별이 보이지 않는다. 어쩌다가 드문드문 뜬 별을 보기도 하지만 석양이 지고 밤이 되어도 유년에 보았던 은하수도 북두칠성도 없다. 누군가 하늘에 압정처럼 콕콕 박힌 별을 보러 가자는 말에 바로 대답하지 못했다. 아주 멀리 가야 할 것 같아서. 대신 서해가 가까워 석양을 자주 본다. 자주 보면 정이 드는 것일까.

처음 바다에 지는 해를 보았을 때 불안하고 두려웠다. 어려서는 해가 들녘에서 사라지면 어느 들에서 잠들었다가 아침이면 다시 돌아온다고 생각했다. 쓸쓸한 기분이었어도 내일이 기다려졌다. 바다로 지는 해는 수평선 끝에서는 수직으로 낙하할 것 같아 그 순간 지구는 둥글다는 사실도 믿기지 않았다. 두려움이 왈칵 밀려들고 그 순간 모든 것이 끝인 듯 허무했다.

어느 겨울 우연히 갯벌에 지는 해를 보았다. 검은 갯벌에서 핏빛으로 타오르는 석양. 흥분과 안도가 동시에 밀려들었다. 아주 넓고 평평한 펄은 낯익은 검은 겨울 들녘이 연상됐다. 평온한 이 감정은 뭐지? 거기에 내가 좋아하는 L. 비르게 해리슨 작품 〈겨울 석양〉까지 묘하게 겹쳤다. 내겐 내륙의 정서가 깊이 내재해 있는 걸까. 바다보다는 갯벌에 지는 해는 편안한 저녁을 맞을 수 있고 내일을 약속하는 것처럼 안온했다.

일몰에 맞춰서 가까운 탄도항에 자주 가곤 한다. 어느 계절도 석양은 다 아름답지만 겨울 석양은 더할 수 없이 붉다. 매서운 바람이 자연의 심장을 찌른 듯한 선홍빛 석양. 한 해가 저물어가는 아쉬움이 간절해서일까. 노을이 절정일 때면 숨이 멎을 것 같아 감탄사도 절제된다. 서서히 스러져가기를 원했다가도 절정에서 머뭇거리지 않는 순간에 나는 또 극치를 본다. 그 광경을 오래도록 아니, 끝내 언어적인 표현은 못 할 것 같다.

화가는 겨울 석양을 어떻게 표현했을까. 〈겨울 석양〉을 보러 워싱턴 DC의 스미스소니언 국립미술관에 갔다. 오래전부터 보고 싶어 별렀던 작품이었다. 백인 여성이 도록을 꼼꼼하게 뒤지더니 미안한 표정을 지으며 말했다.

〈겨울 석양 (Winter Sunset)〉/L.비르게 해리슨(L.Birge Harrison)1854~1929

"지금 전시되지 않는다. 다시 전시되려면 몇 년이 걸릴 수도 있다."

그 한 작품을 보기 위해 미국에 간 것은 아니지만 거기에 초점을 맞췄다고 해도 실없는 말은 아니었다. 몹시 아쉬웠다. 백인 여성의 수다스러운 인사말을 뒤로하고 나오다가 다시 들어갔다. 이런저런 그림은 어마하게 많은데 미련을 채워주지는 못했다. 무슨 수를 써도 생전에 볼 수 없다는 건 자명한데…. 헛발질을 세게 한 기분이었다.

기대는 사라졌고 스미스소니언 국립미술관에서 돌아오는 길은 허전했다. 그림 〈겨울 석양〉과 나는 필연이 아니었던 거지. 한 달 후면 한국으로 돌아갈 것이고 몇 차례 서해 석양을 만나러 가겠지. 그러다가 겨울을 맞이하고 한 해가 이울 무렵 커튼콜처럼 펼쳐지는 서쪽 바다 노을빛을 보러 갈 것이다. 방파제에 걸터앉아 무릎 담요를 덮고 하루가, 한 해가 저물어가는 노을빛을 애틋하게 배웅할 테다.

블랙워터

워싱턴 DC에서 세 시간 거리. 스미스소니언 미술관에서 보고 싶었던 그림이 전시되지 않아 거절당한 기분으로 블랙워터로 가는 길이었다. 이른 점심을 먹어서인지 출출했다. 뭔가를 채워야 하는 동물적인 본능과 먼 길일 때는 중간에 뭐라도 먹는 습성이 겹쳐 달리는 내내 창밖을 보았다. 블랙워터로 가는 길에 가게는 보이지 않았다. 인정이라고는 없어 보였다. '이게 미국이지.' 우리나라의 고속도로 휴게소가 생각났다. 새삼 어떤 것들을 파는지 헤아려보니 아무튼 많기도 하다. 그런 맛이 여행의 재미인데…. 미국에서 오래 산 조카 '범'은 이제 그런 재미를 잊었을까.

강에 가까워지자 수령이 오래된 산림이 하늘과 맞닿을 듯했다. 키 큰 나무 사이로 달리는 차가 풍뎅이처럼 작아 보였다. 얼마나 달렸을까. 4차원의 세계 같은 강과 늪지대가 나타났다. 붉은빛을 띤 검은 강, 말 그대로 블랙워터였다. 버지니아 서부에 있는 강으로 결코 사람을 불러 모으려는 의도는 없어 보였다. 그 드넓은 강에 낚시하는 흑인 남자를 한 명 보았을 뿐. 어쩌다 큰 새 한 마리가 날고, 침묵이 우리를 다시 에워쌌다.

검은 물빛 때문일까. 늦봄이었으나 왠지 가을 같은 기분이 들었다. 서 있는 늪지대의 고사목 몇 그루가 마치 그림 〈세한도〉를 확대해 놓은 듯했다. 강과 하늘이 만나는 아슴푸레한 선과 여백의 쓸쓸함과 붉은색을 숨긴 강의 정취. 미국 정부에서 사유지까지 사들여 철새 도래지로 넓히고, 철저하게 자연 그대로를 놓아두는 곳이다. 누가 제지하지 않아도 느리게, 아주 느리게 달렸다.

현미경 같은 야생의 명징함. 대기가 맑으면 가시거리가 멀다는 것을 누가 모를까. 가없이 넓고 길고 적막한 강이 오히려 허망스러웠다. 나이아가라, 그랜드캐니언 그런 무지하게 크고 경이로운 자연경관과는 또 다른 블랙워터. 신비하고 숙연했다. 아련히 밀려드는 슬픔을 말로 표현하면 반감이 될 것 같았다. 인간의 시원始原은 그런 곳이 아니었을까. 태초는 적막과 검은빛으로부터 시작된 게 아닐까 싶었다.

우리의 어느 도시만큼이나 넓은 땅을 새들에 내어준 자연의 상태. 저 강에서 동양적인 신비감을 느끼다니 나도 나를 모를 감응이었다. 천년 가깝게 살아 온 낙엽송을 뒤로하고 강을 바라보며 가부좌를 튼 누군가의 모습을 상상했다. 무위자연無爲自然, 인위를 가하지 않은 자연의 상태를 저 강이 말해주는 듯했다.

언니 가족이 미국에 산 세월이 40년. 언니가 가끔 우리한테 왔으므로 여행이 목적이라면 나는 그곳에 별로 가고 싶지 않았다. 이유 중 하나는 미국에 역사가 깊지 않다는 것이었다. '땅만 크면 뭐 해. 역사가 없으니 깊이가 없잖아. 그냥 멍청하게 크기만 하겠지.' 어쩌면 먹고사니즘에 매달린 구차한 변명이었다. 땅 크기로는 비교할 수 없으니 역사를 말하려는 얕은 생각도 있었을 것이다. 속 좁은 생각이었다. 미국의 역사 이전에도 원주민의 역사는 있었을 텐데.

문득 자연도 역사라는 생각이 들었다. 인간을 품고 흐른 자연의 시간. 사람의 힘이 가해지지 않은 자연은 인간보다 먼저였을 테다. 흐르는 것에는 분명 발원지가 있을 테고 저 강도 지금에 이르기까지 과정과 변천이 있었을 것이다.

장대한 애팔래치아산맥 북동부 엘러게니 고도 991미터에서 발원하여 계곡과 습지대를 지나 지류가 되고 마을을 지나 폭포수가 되었다가 또 다른 강을 지난다. 그렇게 갈래갈래 만 가닥으로 흐르다가 모여든 곳. 그렇듯 자연에도 변천 과정이 있고 인간은 그 공간에서 시간을 흘려보내며 살아간다.

 우리 혈육도 원줄기에서 갈려 나와 흩어져 지류로 흐르다가 다시 만나기도 한다. 저 강처럼. 자식 같은 아이도 이제 중년이 돼가고 나는 노년에 접어들어 걱정이 많아졌다. 그에게는 착하고 아름다운 아내가 있고 내세울 만한 자식이 있는데도 그를 끌어안으면 눈물이 났다. 저 강은 조카 '범'이 가끔 와서 사색하고 영감을 얻는 곳이라 했다. 그에게 저 강은 뮤즈인 셈이다. 그가 화가가 된 것은 내가 부추긴 것도 있다는 생각이 들면 뿌듯하고 한편으로 미안하다. '범'은 공부를 하다가도 책이나 노트 여백에 그림을 그렸다. 말릴 수 없다는 생각에 그림을 추천한 것은 나였다. 레오나르도 다빈치를 연상케 하는 그의 그림. 디테일의 그 고통을 생각하면 가슴이 시렸다.

 광활한 고요 속에서 노을빛을 바라보았다. 가끔 날아들

던 작은 새들이 잠들 곳을 찾아갔는지 사위가 정지화면 같았다. 비행거리 열다섯 시간. 우리는 서로 다른 대척점에 닻을 내리고 살아간다. 그 사실에 가슴이 아파 강의 발원지를 생각하고 흘러가고 흩어지는 것에 연민하는 것일까. 찰나라 아쉬운 것은 많고 많지만 일몰의 장엄함처럼 짧으랴. 그것도 모자라 일몰 십오 분 후부터는 밤이라 칭한다. 검은 강은 더 빠르게 밤을 재촉했다. 그 강에서는 오후가 장구한 역사 같았다.

우즈베키스탄 빵집

 오래된 도시의 다운타운이었던 남양 사거리. 신도시에 비하면 가게도 거리도 뒷골목처럼 작고 초라하다. 흥성이던 오일장도 상권이 제일 좋았던 위치의 마트도 예전만 못하다. 전에는 계산대에 줄을 길게 섰는데 지금은 젊은 외국인 몇몇이다. 외국인이 더 많은 거리엔 그들을 상대로 하는 가게가 늘어간다. 수요에 따른 당연한 현상이다. 우리가 보기엔 엉성하고 어둑한 외국인 가게. 그래서 거리가 더 썰렁하다는 느낌은 편견의 시각일까.
 마트 옆으로 모종 파는 가게, 우즈베키스탄 빵집. 멸치국숫집, 옷가게 그리고 양 꼬칫집, 러시아 피자집에 우즈베키스탄 식당…. 외국인 가게가 하나 건너 하나꼴이다. 다른 골목도 마찬가지로 이국적인 간판이 흔하다. 제법 큰 식품점도 서너 곳쯤 되지 싶다. 월드 마트라는 식품점에 들러 본

적이 있는데 이름대로 온 나라 물건이 다 모여 있는 듯했다. 괜히 뭔가를 사고 싶어서 들어갔다가 선뜻 짚이는 건 없어 낯선 냉동 생선과 눈만 마주치다 멋쩍게 나왔다. 눈에 익은 상품이라고는 찾아볼 수 없을 때 여기가 오일장이 서는 재래시장통이 맞나 싶다.

유명 브랜드 빵집 둘과 자그만 수제 빵집이 하나 있는 사거리에 우즈베키스탄과 러시아 빵집이 더 많다. 내가 가끔 가는 곳은 우즈베키스탄 빵집이다. 주로 사는 것은 속 찬 배추처럼 단단한 호밀빵과 늙은 맷돌호박만 한 둥그런 빵이다. '론' 빵이라던가. 요즘 인기 있는 소금빵 맛인데 조금 덜 짜고 수수한 맛이다.

처음에는 크고 둥글넓적한 빵이 왠지 건조하고 어설퍼 보였다. 오일장 선 날 화덕에서 갓 꺼낸 빵 수십 개가 널브러져 있는 게 늙은 호박 수확해 놓은 거 같아서 괜히 정감이 갔다. 안 먹더라도 돈 주고 사고 싶었다. 씨름 선수만큼 덩치 큰 빵집 남자에게 러시아 사람이냐고 물었더니 싫은 표정이었다.

"러시아, 빵은 같아. 나는 우즈베키스탄!"

러시아에 지배받았던 역사가 있으니 더 그런가. 묻지도 않앉는데 "모슬렘!"이라고 확인해주듯 말했다. 그 우즈베크인이 가끔 문을 열지 않아 얼마 전부터, 아버지와 아들이 같이 하는 우즈베크 고려인 빵집에 간다.

어렸을 때 '로스케(러시아인)들은 한국전쟁 중에 시계를 노략질해서 몇 개라도 팔뚝에 차고 다니면서 덩어리 같은 빵을 베고 자다가 뜯어 먹곤 했다'라는 얘기를 들은 적이 있다. 어린애 주먹만 한 찐빵이 전부였던 시절이어서 빵을 베고 잘 정도면 도대체 얼마나 큰 건지 상상이 가지 않았다. 육십 년도 지난 지금 그 의문이 풀렸다. '그 빵이 이 빵이었구나.'

사거리 끝자락에 한 여자가 운영하는 식당을 겸한 빵집이 있다. 빵 모양이 같아서 우즈베크 고려인인 줄 알았는데 러시아였다. 어릴 때 들었던 '로스케 빵' 이야기를 했더니 자기네 아버지 때는 더 컸다고 했다. 멀리 갈 때면 짊어지고 갈 정도였지만 베고 잔 것 같지는 않다 했다. 그러나 호밀빵은 베고 잘 만큼 단단하고 컸다.

내가 아는 식당에서 일하는 우즈베크 고려인 '이마야'는 할아버지가 블라디보스토크에서 어디로 가는지도 모르고 끌려갔던 1937년을 말했다. 우슈토베역까지 한 달이 넘게 타고 가던 기차에서 빵을 뜯어 먹다 베고 자다가 거기서 또 우즈베크까지. 그랬지만 자기 할아버지는 벼농사를 지어 부자가 됐다고 했다. 그녀의 할아버지나 부모가 강제 이주의 참상을 말했을 텐데도 비참했던 역사를 말하고 싶지 않은 눈치였다. 대신 러시아 여자들이 나이 먹으면 엉덩이가 무지하게 커지는 이유는 그 큰 빵을 한 번에 다 먹어 치우고도 더 먹어서 그런다는 말로 은근슬쩍 구소련을 비난했다.

산책길에 만난 우즈베크 고려인 할머니. 내게 1937년을 아느냐고 물었다. 스탈린이 고려인을 강제 이주시켰던 역사적 사실을 알고 있다고 하자 영어 교사였다는 할머니는 무척 반가워했다. 할머니의 부모 세대가 러시아와 일본의 정치적 이유로 강제 이주당하며 그 과정에 1만 명이 죽었고 어린아이는 거의 죽었으며 얼마 동안 아기도 생기지 않았다는 참상을 얘기했다. 연세가 있을수록 한이 남아 있는 듯했다. 조국에 돌아올 수 있는 여건은 되었건만 이미 돌아가신 선조들은 한을 안고 가셨다며 안타까워했다.

디아스포라. 숙명 같은 것일까. 우즈베크는 우즈베크인 우대정책을 한다. 그런 이유로 더 한국으로 오는 이들. 나는 문득 그런 생각이 든다. 러시아 여인도, 이마야도, 할머니도 러시아나 중앙아시아에서 살다가 이곳에 둥지를 튼 이들을 굳이 '고려인'이라고 해야 하나. 역사의 아픈 곳을 훑어 올리는 것 같아서 말이다. 역사가 만든 어쩔 수 없는 호칭이지만 왠지 슬프게 들리는 것은 나만의 감정일지도 모른다. 나는 이제 그들이 만든 빵을 먹으며 그들이 살아 온 바람 냄새를 맡는다.

올 추석은 연휴가 길었다. 사거리 교차로부터 어두침침한 거리에는 교포나 외국인뿐이었다. 그들에겐 명절 아닌 그저 연휴일 것이다. 교포는 추석 명절에 어떤 기분일까. 고향(우즈베키스탄)에 갈 수 없는 기분일까. 고향에 온 기분일까. 어디를 가도 이방인으로 여겨지는 그들이 이마야의 말처럼 '한국은 살기 좋은 곳'이라고 느꼈으면 좋겠다.

다시 우즈베키스탄 빵집이 문을 열었다. 인테리어가 제법 고급스러운데다가 조명이 밝다. 명멸하는 'open' 네온사인을 보며 나는 그들의 작은 변화를 본다.

인생은 핑크빛도 아니더라

 가끔 용인경전철을 탄다. 다섯 정거장만 가면 되니 굳이 앉지 않는다. 앞뒤 어디라도 기대 서서 창밖 풍경을 보는 재미도 있다. 하늘을 배경으로 한 도시 풍경이 있고 산자락이 보이면 깊은 계곡을 상상하기도 한다. 비 오는 날이면 하늘로 연결되는 빗줄기의 주렴, 마주 달려오다 멀어지는 하얀 눈의 몸짓도 볼 수 있다.

 벚꽃은 지고 세상은 온통 연둣빛, 바람도 그런 빛일 것 같은 날. 옷도 날씨에 맞춰야 할 것 같았다. 용기를 내서 오래전에 사놓고 차마 입지 못했던 핑크빛 셔츠와 핑크빛 통바지를 입고 집을 나섰다. 햇살도 좋은 날인데 첫발부터 꼬이는 것 같았다. 옷에 맞춘 상앗빛 모자는 또 얼마나 어색하던지. 몇 번이나 집으로 되돌아가고 싶었지만 내처 걸었다.

 그날 패션은 나름 용기였다. 언제나 나는 화창한 봄빛에도 회색이나 검은색이었다. 찌는 듯한 여름날도 오래도록 나를 감쌌던 무채색. 스님이나 수녀님의 무채색은 내가 본 중에 누구도 어울리지 않는 분은 없었다. 나도 그들처럼 익숙해져 편했고, 그러다 보니 그런대로 어울린다고 착각했던 걸까. 날씨가 풀리고 봄이 오면 칙칙함으로부터 벗어나야 한다고 느끼곤 했는데 드디어 실천했다.

나만 어색해할 뿐 누구도 날 보지 않는다고 마음을 다잡아도 왠지 불안했다. 핑크에 신경 쓰여 창밖 풍경은 뒷전이었다. 그때 누군가가 나를 콕콕 찔렀다. 자리가 비었으니 앉으라는 신호였다. 몸을 돌리는 순간 강하게 꽂히는 두 얼굴. 부부인 듯한 그들의 표정에 멈칫했다. 남자는 봄날처럼 해맑고, 여인의 표정은 금방 비라도 내릴 것처럼 어두웠다. 남자와 비교할 수 없게 스산해 보이는 여인. 흑과 백, 빛과 그늘, 꽃과 낙엽. 그들의 대비를 표현할 마땅한 어휘가 떠오르지 않았다. 여인의 표정에 분노와 짜증을 섞으면 좀 비슷해질까.

인물이 번듯하고 훤칠한 남자는 자동 제어장치가 고장 난 로봇처럼 자꾸 일어섰다. 여인이 허리띠를 붙잡고 "안 돼!"라고 군기반장처럼 말하면 남자는 그대로 따르는 것 같아도 따르는 게 아니고 제지당할 뿐이었다. 감정표현 불능증라는 용어가 있을지는 모르겠지만 느낌도 표정도 감정도 없어 보이는 그는 누가 봐도…. 남자는 4차원 눈빛만 아니면 그대로 출근해도 손색이 없어 보였다. 감색 바지, 회색 바탕에 연노랑 줄무늬 셔츠가 말쑥하고 세련돼 보였다. 남편의 상황을 부인하고 싶은 것일까. 여인은 카라 없는 빛바랜 수박색 블라우스에 목은 말라 더는 초라할 수 없는데 남자 옷은 얼핏 보아도 새것에 고급브랜드였다.

육십 중반쯤으로 보이는데 너무 이른 것 아닌가. 건강해 보이고 기품있어 보이지만 인생은 아무 상관 없이 언제 어디로 튈지 모르는 것. 예측이 어려운 게 사람 사는 일이다. 한순간에 정신을 잃고, 몸을 잃고, 모두 잃기도 한다. 어떤 상황도 당사자만 못하지만 가족도 환자만큼이나 괴로울 것이다. 여인은 자기에게만 있는 인생사 같아서 분노하는 건지도 모른다. 누군가 틀린 생각이라고 말하면 주먹이 아니라 야구방망이라도 들 것처럼 처절한 눈빛으로 남편을 붙잡고 있었다. 오래도록 읊조려 닳고 닳아진 듯한 말을 그녀는 숨소리처럼 내쉬었다.

"내가 죄가 많은 거겠지요."

에너지를 다 써버리고 영혼마저 고갈된 듯 피곤해 보였다. 인터넷 검색하고 책을 더듬고 풍문에 귀를 기울여봐도 다 같은 얘기였을 테다. 소용없다면서도 또다시 반복해서 남편을 조금이라도 되돌려보려 수단과 방법을 찾아 온 힘을 다하는 여인이 겪는 고통이 측은했다. 오죽하면 누군가는 '가족은 아무도 보지 않는다면 내다 버리고 싶은 존재다.'라고 했을까. 그만큼 무겁고 가슴 아프다는 얘기다.

포기하고 싶지 않냐는 말이 목구멍까지 차올랐다. 나도 모르게 여인의 손을 잡았다. 그런 행동은 절대로 의도된 게 아니었다. 막상 그러고 나니 어떤 말을 해도 실례가 될 것 같아 여인의 손등을 쓰다듬었다. 그런 내 손을 잡고 여인은 실성한 것처럼 웃었다. 사실은 울고 싶은 거겠지. 그 웃음의 의미는 절망의 깊이만큼일까. 무작정 앞으로만 가려는 남자와 그의 허리춤을 움켜쥔 여인이 불안스럽게 하차했다. 남자의 의미를 알 수 없는 천진무구, 의미를 알고도 남을 여인의 절망 같은 웃음소리를 내게 던져주고.

여인의 뒷모습을 보며 내 핑크가 멋쩍고 미안했다. 손이나 잡지 말걸. 내 차림이 너무 경박해 보여서 단순한 동정이라고 생각했을지도 모른다. 그날따라 나는 무슨 객기로 그토록 춤이라도 출 것처럼 밝은색 옷을 입었는지. 문득 망자를 애도할 때 왜 검은 옷을 입는지 알 것도 같았다. 애도, 엄숙, 우울 여러 의미가 있겠지만 상대를 배려하는 겸손한 색이 아닐까 싶었다. 평소대로 입었어야 했는데.

서럽도록 화창한 봄날 나의 변신이 죄지은 듯 불안했다. 나름의 변화를 생각했고, 젊은 기운이 화르르 일어날 움직임을 기대했는데 꽝이었다. 그게 뭐라고. 내 패션 콘셉트는 역시나 무채색이 제격! 아래위 핑크로 깔맞추고 외출해보고서야 확실히 알았다.

다행이다

 아래층 계단은 불이 꺼져 있었다. 더듬거리며 마지막 계단이라고 생각하는 순간, 균형을 잃고 바닥에 던져지고 말았다. 핸드폰 액정이 바닥에 부딪히는 소리가 났고, 차가운 느낌이었고, '엎드려뻗쳐' 자세였다. 바닥에 엎드린 채로 핸드폰부터 확인했다. 산 지 한 달 정도밖에 안 됐는데…. 잽싸게 살펴보니 아무 이상이 없어 보였다. 다행이었다. 넘어지는 상황을 본 사람이 없다는 사실도 천만다행이었다.

 그렇다면 내 몸은 안녕한가? 상체만 일으켜 다리를 끌고 벽 쪽으로 갔다. 기대앉아 발목을 움직여 보니 큰 이상은 없는 듯했다. 안도의 긴 숨을 쉬었다. 해야 할 일은 많은데 이대로 몇 달을 멈춰야 한다면? 생각하고 싶지 않았다. 벽에 머리를 기댄 채 눈을 감았다. 머리를 뒤로 젖힌 흑백 화보 속, 여인의 턱선, 그 멋진 실루엣을 연상하면서.

상상은 잠깐이었다. 발목에 통증이 서서히 밀려오기 시작했다. 운전할 수 없을 것 같았다. 절룩거리며 거리로 나왔다. 길 건너 빈 택시가 보였다. 길 건너까지 갈 발목이라면 집으로 가는 게 나았다. 어렵사리 집에 와 스타킹을 벗으려니 발목이 부어 벗어지지 않았다. 가위로 잘라내고 인터넷을 검색해서 알려주는 대로 냉찜질을 했다. 바로 병원에 가지 않은 걸 후회했다.

그래도 아들에게 연락하지 않은 건 잘했다는 생각이 들었다. 나는 무슨 일이 있을 때 아들에게 여간해선 알리지 않는다. 사실은 아들 집에 갔다 오다가 그리됐으니 더 말하고 싶지 않았다. 그런데 처량하다는 생각이 날 더 불편하게 했다. 발이 불편할 뿐, 머리에는 아무 이상이 없을 텐데 괜히 섭섭하고 서러운 기분은 뭔지.

장모에게 내준 아들 때문인가. 스스로 쿨한 엄마인 척하고 이제 와서 설명할 수 없는 이 기분. 마음은 이게 아닌데 하면서도 아들에게 전화하고 싶었지만 꾹 참았다. 결혼해서 내 곁을 떠난 지 오 년 된 아들. 요즘은 장모님 전성시대라니 시어머니 처지로서 한발 물러서 줘야 하지 않겠나. 지난 오 년, 향후 오 년 합해서 십 년은 이런 일쯤엔 유예하기로 다짐했으니 참자. 사위 노릇도 힘들 텐데 나까지 번거롭게 하고 싶지 않은 어미의 배려였다.

　통증을 참으며 지샌 다음 날 아침 일찍 응급실에 갔다. 일요일엔 휴일 진료비가 가산된다고 했다. 어제 바로 오지 않은 것에 대한 가산금이라고 하기엔 꽤 큰 액수였다. 그렇다고 다시 돌아갈 수도 없는 일. 휠체어에 앉아 의사를 기다리며 바라보는 응급실 풍경은 각인각색이었다.

　안색이 창백하고 눈동자가 풀린 고등학생 가족은 공포와 애절함에 어찌할 줄을 몰라 했다. 직계가족뿐만 아니라 친척 몇 명도 와 있었다. 반면 요양원에서 오셨다는 의식이 오락가락하는 할머니의 딸은 '벌써 몇 번째야?' 하는 표정이었다. 불만에 가득 찬 채 핸드폰만 보고 있었다. 내 옆의 환자는 너무 말짱해서 입원이 안 될 것을 걱정했다. 그녀의 남편은 입원해야 보험금이 나온다면서 어디론가 전화를 했다. 교통사고 환자였는데 간호사의 지적을 받아도 돌아서면 또 전화해댔다. 좀 얄미웠다.

　다급하게 실려 온 남자는 누가 봐도 위급했다. 나이 지긋한 환자의 얼굴은 회색빛이었다. 순식간에 의료진이 몰려왔다. 보호자를 찾자 현장 감독으로 보이는 남자가 나타나서

업무적인 보고를 하듯이 3층에서 떨어졌다고 말했다. 환자에게는 눈길도 주지 않았다. 죽을 수도 있다는 다급한 상황인데 연락할 만한 가족이 없다는 것만 난감해했다. 가슴이 서늘했다. 안타깝고 측은했다.

누구는 죽을지도 모른다는 절박한 상황인데 나는 생명이 멀쩡해서 죄송해한 채 발목을 치료받았다. 많이 부어 있는 것에 반해 상태가 나쁘지 않아도 조심을 강조했다. 아주 다행이었다. 반깁스했지만 목발은 짚은 상태로 6주. 갑자기 발이 네 개가 되니 스텝이 꼬였다. 두 발로 직립할 수 있는 인간의 자세에서 네 발이 됐으니 퇴보인가 진화인가. 엎드리지 않고 사족보행이 됐으니 진화인 것도 같고.

지난밤 통증은 그런대로 참을 만했는데 부어오른 발을 보며 날이 밝도록 그야말로 만감이 오갔다. 발목 하나 아파 화장실을 엉덩이로 밀어서 가는 사실만 해도 그토록 불편한데 장애로 살아가는 사람들은 또 어떻고. 이런 일을 당해보고서야 철이 든 것 같았던 몇 시간 동안 나의 정신세계는 성녀에 가까웠는지도 모르겠다. 낫고 나면 이타적인 삶을 구현하고자 만행萬行이라도 떠날 것처럼.

정해진 기간이 있으니 얼마나 다행인지. 더 긴 시간이었다면 건물 주인을 고소하고 싶었을 테고, 나 혼자 정한 아들의 유예기간에 서러워했을 터다. 한 달 반이라면 오히려 내가 쉴 수 있는 시간이라고 생각하니 한결 마음이 편했다. 네 발로 덜커덕거리며 응급실을 나와 현관에 서니 다른 세상과 경계에 선 듯했다. 두 발에서 네발이라니 처지가 묘하고 복잡한 생각이 들었다. 마침 날아든 비둘기도 달리는 차도 새삼스럽게 자유로워 보였다.

준비하는 거냐는 그 물음

 오빠는 엉덩이에 피딱지가 생기도록 책을 놓지 않았다. 엄마는 오빠의 방석을 똬리처럼 만들었다. 어디서 무얼 질문해도 대답해 줄 수 있었던 오빠는 나에겐 도서관 같은 존재였다.

 쉰 초반에 오빠는 말기 암 판정을 받았다. 6년을 힘들게 버티면서 한동안 분노와 원망으로 눈에는 핏발이 섰다. 죽음이 두려울 때면 더 그랬다. 그러던 오빠가 돌아가시기 두 달 전, 내게 하얀 봉투 하나를 주었다. 아버지가 오빠에게 주신 여행비였다.

 "아버지가 주신 건데…."

 말을 채 잇지 못한 채 내미는 하얀 손이 파르르 떨었다. 뼈 위에 하얀 천을 덮어놓은 것 같은 손에 온기가 남아 있다는 게 이상했다. 눈물이 그렁그렁 맺힌 오빠를 차마 바라볼 수가 없었다. 나는 화장실에서 물을 틀어 놓고 목놓아 울었다.

가족 모두가 어찌할 바를 모를 때 아버지는 더 당황해하셨다. 오빠만큼이나 아버지도 현실을 인정하려 하지 않았다. 나아지기를 바라는 간절한 마음에서였을까. 아버지는 오빠에게 회복되면 앙코르와트에 다녀오라면서 여행비를 주셨다. 순간 오빠는 절규했다.

"죽을 놈이 여행이요?"

아버지는 아무 말씀도 못 하고 등을 보이고 나가셨다. 난 처음으로 아버지의 초라한 모습을 보았다. 오빠가 가고 지나간 7년은 미안하고 슬픈 시간이었다. 차마 해외여행을 생각할 수 없었다. 영원할 것만 같은 감정도 시간이 흐르면 빛이 바래는 것일까. 아버지는 왜 앙코르와트였을까. 마음 한 구석에 접어두었던 앙코르와트를 생각해냈다.

작열하는 태양 아래 앙코르와트는 장엄했다. 석산도 아닌 밀림 속의 그 거대한 석조물이 인간의 작품이라고는 믿기지 않았다. 신이 되고 싶었던 절대적 통치자의 염원이 낳은 신전은 불가사의하다는 표현에 모자람이 없었다. 그야말로 죽음을 피하고 싶었던 광기가 아니고서야 이룰 수 없는 건축

물이었다. 그래서 더 신비했던 걸까. 수리야바르만 2세. 그는 모든 권력을 가졌으니 더 높일 곳이 없었다. 오로지 죽음을 받아들여야 하는 사실만이 평등할 뿐인데 그것마저도 자기가 가진 권력으로 막고 싶었을지도 모르겠다. 비슈누의 화신이라 자칭했었다니. 죽음에 대한 두려움만큼 사원은 크기로 비례 되는 걸까.

사원 정문은 서쪽을 향하고 있었다. 그렇다면 서쪽은 죽음의 방향일까. 울컥 오빠를 생각했다. '오빠는 어디로 갔을까?' 서쪽 어디쯤일 거라고 단정 짓고 싶었다. 가끔 서쪽 바닷가에서 망연히 오빠를 그리워했던 것은 필연 같은 것인지도 모른다.

오빠의 수술을 끝낸 의사는 암세포가 온몸에 파편처럼 튀겨 나갔다고 했다. 나는 그 사실을 아무에게도 말할 수가 없었다. 폭우에 쓸려 내려가는 작은 나뭇잎처럼 죽음으로 떠밀리는 오빠를 무력하게 바라볼 수밖에 없었다. 순서라는 말에 연연해했다. 태어났다가 죽는 게 자연의 이치라면 태어난 순서대로 가는 게 순리가 아닌가. 죽음은 초침 소리로 죄어오고 있었고, 오빠는 있는 힘을 다해 자신을 붙들었다. 목까지 차오른 가쁜 숨을 쉬면서도 간호사의 행동이 빨라지면 신경을 곤두세웠다. 간호사와 내 표정을 보고 오빠는 자신의 임종을 직감하고 내게 물었다.

"준비하는 거니?"

"아니야! 아니야!"

내가 살아온 중에 가장 처참한 순간이었다. 죽음만큼은 피하고 싶어했고 피하게 해주고 싶었던 오빠와 나의 마지막 대화였다. 준비하는 거냐는 오빠의 그 물음. 그게 세상에 남긴 마지막 말이었다. 지금도 그 순간과 맞닥뜨린다면 '미안'이라는 말밖에는 다른 말은 없을 것 같다.

어감마저도 막혀 버리는 죽음. 오빠가 불안과 공포에서 벗어났다는 사실이 오빠를 보낼 수 있는 유일한 위안이었다. 그건 찰나였고 적막과 부패와 화장만이 남을 뿐이었다. 또 다른 차원의 세상으로 이동할 뿐이라는 환상을 가져도 되는가. 두려움에서 벗어나고 싶은 갈망 같은 것. 종교나 철학적으로 죽음을 해석하고 그럴싸한 형이상학적인 단어를 나열하지만, 어느 것으로 접근해도 그저 두려움으로 귀결할 수밖에 없다.

사원의 회랑엔 왕과 그 시대를 살다 간 사람들의 모습이 현실처럼 새겨져 있었다. 마치 며칠 전의 일처럼 천연덕스러웠다. 자야 바르만 7세가 어머니를 그리워하며 심장을 치며 울었다던 '통곡의 방'에선 가슴을 치면 '텅텅' 소리가 난다. 나도 가슴을 쳤다. 오빠와 내가 태어났던 고향 집과 어린 시절이 떠올랐다. 쉬이 발길이 떨어지지 않았다.

순자네와 시래기

해가 뉘엿뉘엿할 때쯤 집으로 돌아오는 길, 초록빛 리본이 묶인 하얀 쇼핑백이 주목나무 아래 있었다. 아는 분이 시래기를 두고 간 것이었다. 누가 봐도 앙증맞고 예뻐서 뭐가 들어 있을지 호기심이 발동했을 텐데도 그대로 있었다. 지나가는 외국인에게 '우리나라가 이런 나라입니다.'라고 말하고 싶었다. 너무 나갔나 싶어 웃음이 났다. 예전에 가난의 상징처럼 처마에 걸렸던 시래기가 연상돼 더 그랬을까.

바로 조리할 수 있게 삶아서 추린 두 묶음이 특별한 선물처럼 느껴졌다. 예쁘게 담아 보낸 분의 성의에 마음이 환해졌다. 질기지 않을까 했는데 솜씨 좋은 분은 역시 시래기도 적당히 말랑했다. 꽁치 통조림을 넣고 지져보라는 메모대로 양념해서 오래 끓였다. 꽁치 통조림 시래기 지짐. 예전에 생꽁치로 했던 것보다 맛있었다.

혹시 꽁치 통조림에 반감이 있을지도 모르겠다. 하지만 어떤 식품은 가공된 맛이 날것보다 감칠맛이 나기도 한다. 클래식이나 팝의 연주가 전통적인 악기에 첨단 전자악기가 합하면 신비한 선율이 되듯이 전통의 식자재가 가공된 식품과 만났을 때 색다른 맛이 있다. 이럴 때 시래기와 꽁치 통조림은 누가 주연일까. 꽁치가 시래기를 피처링했다고 하기에는 기여한 바가 크지만, 주연은 아니다. 전에는 그랬는지 몰라도 시래기의 위상이 달라졌다. 원재료를 불려 먹기 위한 만년 조연이었고 아웃사이더였던 시래기가 조연에서 주연이 되기까지 서러운 세월이 있었다.

오래전 어느 월간지에 실린 글 내용이 인상적이었다. 6·25에 참전했던 미군 장교의 기고문으로 기억한다. 한국전쟁은 참혹했고 전쟁이 끝난 후 국민의 생활은 비참하기 그지없었다. 대체로 큰 전쟁을 치르고 나면 극심한 스트레스로 정신질환자가 많이 생기는데 한국인은 이상하게 그런 현상이 심하지 않았다. 왜 그럴까, 의문이 있었는데 집마다 걸려 있는 시래기를 보고서야 이해할 수 있었다는 내용이었다. 영양성분을 따져서라기보다는 전국 어디나 시래기가 흔하게 보이니 그런 판단을 했는지도 모르겠다.

 늦가을이면 무청은 집마다 처마 아래나 기둥 같은 곳에 걸렸다. 된서리 맞고 겨우내 얼고 녹기를 반복하다 바싹 말라 건드리기만 해도 부서지던 시래기가 둘둘 감았던 집이 있었다. 밥이 절대적인 시절, 내 또래 순자네 집은 굶는 날이 더 많았다. 순자 엄마는 먹지 못해 부황이 났다 했고 아버지는 허약해 일을 할 수 없다고 했다. 못 먹어서 그런다는 걸 알면서도 막상 도와주는 이는 없었다. 밥 지을 곡식이 없으니 시래기가 어느 역할도 할 수 없어 그대로 걸려 있었다.

 순자네가 그토록 가난한 이유 중에는 그애 큰아버지 탓이 컸다. 그는 6·25 때 공산당 골수분자였다가 전쟁이 끝나고 어디론가 사라졌는데 공산당에 가담하지도 않았던 순자아버지는 자기 형 때문에 죄인처럼 살았다. 밖에 나오지도 못해 늘 우울해 보였다. 그때 나는 아무것도 모르니 순자는 또래 친구일 뿐이었다.

 봄 소풍 때 구멍이 숭숭 난 순자의 도시락을 보고 깜짝 놀랐다. 게다가 시꺼먼 꽁보리밥과 더 시꺼먼 시래기 반찬, 그마저도 도시락을 다 채우지 못했다. 속으로는 놀랐지만 얼른 내 김밥 몇 개를 순자 도시락 빈 곳에 밀어 넣었다. 순자가 창피해할까 봐 보란 듯이 시래기 반찬을 집어 볼까 했지만 차마 젓가락이 가지 않았다. 나는 귓속말하듯 창피한 거 아니라며 괜찮다고 했던가, 그 비슷한 말을 했던 거 같다.

그때만 해도 김장을 담그면 이웃에 김치를 돌렸다. 순자네 집 순서가 됐을 때 김치 담은 그릇을 들고 멈칫거리니 엄마가 더 담아주었다. 기분이 좋았다. 순자네 엄마 아버지에게 김치를 내밀며 "엄마가 김치 드리래요."라고 했는데 아무런 대꾸가 없었다. 돌아보지도 않았다. 김치를 받지도 않고 힐끔 곁눈질만 했다. 그 음울한 눈빛이 무서워 슬며시 내려놓고 돌아오면서 어린 마음에 몹시 섭섭했다. 다른 집은 반갑게 맞아주면서 잘 먹겠다고 인사도 하는데…. 차마 순자네 부모가 그랬다고 엄마한테 말하지는 못했다. 내 친구라서 그랬는지, 엄마가 그들을 괘씸하게 생각할까 봐서 그랬는지.

겨울이 지나갈 무렵 그들은 강경 쪽으로 떠났다. 빈집에는 순자 엄마 얼굴색처럼 누렇게 바랜 시래기가 그대로 걸려 있었다. 여름쯤이었던가. 부황병으로 순자네 엄마가 죽었고 뒷재에 묻었다고 했다. 순자가 친척 집에 왔을 때 자기 엄마

산소에 가지 않겠다고 했다. 무섭다는 순자를 다른 친구와 내가 엄마인데 안 가면 되느냐면서 억지로 데리고 갔다. 순자가 자기 엄마 무덤 앞에서 어떻게 할지 그게 궁금해서였다. 가지 않겠다고 버티던 순자는 막상 산소 앞에서 풀썩 쓰러지며 오열했다. 의도는 그게 아니었는데 우리도 같이 소리 내 울었다.

그 후로 한 번도 얼굴을 보지 못했다. 순자가 엄마를 닮았던 걸로 기억하는데 그렇다면 지금 만나도 알아볼 것 같다. 순자 엄마 웃는 모습은 본 적이 없으니 순자도 무표정이라면 말이다. 순자 엄마 아버지의 음울했던 표정의 의미를 이제야 알 것 같다. 밥이 없으니 시래기가 소용없듯이 밥 없는 김치가 달가울 리 없었을 테고 배가 고픈데 누구를 본들 반갑겠나. 아무 조건 없이 주었어도 상대가 좋은 감정이 아닐 수도 있다는 것을 그때는 몰랐다. 주고도 좋은 소리 못 듣는다는 뜻은 아니다. 나는 정말 그들이 왜 그랬을까가 의문이었다.

동네 공판장 귀퉁이에 한 칸짜리 집. 낡고 삭은 시래기가 칭칭 감겨 있던 순자가 살던 집. 시래기는 빈집 처마 아래서 부서져 날리며 그 집이 주저앉을 때까지 걸려 있었다. 시래기를 보면 순자가 생각나고 순자를 생각하면 시래기가 연상되는 건 맥락도 없는 내 기억일지도 모른다. 세월이 시래기 위상을 달라지게 했듯이 순하고 착했던 순자는 부자로 잘살고 있을 거라고 믿고 기원한다. 진심으로.

은빛 찬란한

 내게는 오래된 은빛 기억이 있다. 논에 얼음이 풀리고 은빛 잔물결이 일면 봄의 시작이었다. 촛불도 밝았던 때라 순한 눈은 무논의 은빛도 눈이 부셨다. 언제였는지 모를 차갑고 눈이 시렸던 풍경. 그 은빛을 기억하면 지금도 눈이 시리다.

 태양이 지표를 말리고 흐르는 물도 멈추게 하는 여름. 땅을 적셔줄 것처럼 후드득 빗방울이 잠깐 떨어지면 갈증으로 몸부림치던 지렁이가 기어 나와 비틀이다 굳어버린다. 비가 일부러 속인 건 아닐 텐데…. 속은 지렁이가 죽어가는 길 아래 폭이 제법 넓었던 시냇물에도 안타까운 광경이 벌어졌다. 은빛 배를 번쩍이던 물고기 떼가 물이 말라 죽어 있었다. 손 갈퀴로 끌어모으면 요동치던 물고기, 그 여름의 은빛은 죽음처럼 잔인했다.

광풍제월光風霽月은 훌륭한 인품을 비유하지만, 비 온 뒤에 맑게 부는 바람과 달이라고 풀어보면 자연의 표현으로 더없이 멋있다. 시인이 아니어도 은빛 달과 바람은 감성을 가로지른다. 청량한 바람과 맑은 허공. 가을은 그 자체가 은빛일까. 가을들녘의 바람을 안고 퇴근하는 엄마를 향해 달리던 기억은 지금도 재현해보고 싶은 일 중에 하나다. 두 팔을 벌려 나를 안아주곤 했던 엄마는 연한 회색빛 스웨터를 즐겨 입었다. 굵은 주름치마는 조금 더 짙은 회색이었다.

내가 은빛에 가까운 회색을 좋아하는 것은 그 오랜 기억들 때문인지도 모른다. 가끔 되돌아가고픈 은빛의 역사. 내게 잠재된 색감은 풍경도 있지만, 중학교 입학 축하 선물로 회색 모직 체크 점퍼에 연한 회색 바지에서 시작된 것 같다. 의상에 방점을 찍어주듯 둘째 이모가 사준 빨강 가방. 어린이에서 소녀가 되고 옷에서 의상이 된 느낌이었다. 옷은 엄마의 선택이었는데 나는 일찍부터 회색에 익숙했던 걸까. 어떤 느낌이었는지 표현할 수 없지만 일종의 우월감을 느꼈던 것 같다.

탱탱했던 시절엔 무광의 회색이 좋았다. 옷이나 액세서리가 빛을 발하지 않아도 청춘의 자체 발광으로도 충분했던 시절, 옷도 그랬지만 유일한 장신구 팔찌도 무광의 은이었다. 헐렁한 회색 리넨 셔츠 소매를 둘둘 걷어 올리고 은팔찌를 했던 젊은 날 여름, 지금도 그 계절이 오면 가끔 즐기는 편이다. 이제 셔츠는 밝은 연회색이나 하얀색으로, 굵은 체인이었던 은팔찌는 광택이 나는 몇 개의 가는 줄로 바뀌었다. 그때만큼 생기 넘치는 세련미는 덜하다. 대신 장신구나 백 종류에 화려함을 더해 낡은 집 창가에 놓였던 부겐빌레아 붉은색을 연상하며 그때의 기분을 소환하곤 한다.

매치하기 쉬운 색이어서 더 즐기게 됐을까. 연한 회색처럼 다른 색상과 잘 어울리는 색도 드물다. 흑·백 그리고 무지개 일곱 빛깔도 무난하게 아우른다. 배색이 까다로운 색은 밤색인 고동색이다. 채도가 차이 나는 같은 계열 색상도 그리 썩 좋은 매치가 되지 않는다. 보색관계로 어울리는 색이 별로 없다. 광택이 있는 은빛이나 연한 회색하고는 그런대로 어울린다. 그렇듯이 연회색은 다양한 색상과 조화롭다. 눈에 띄는 악센트를 주는 컬러는 아니지만 안도감을 주는 너그러움이 있다.

하늘이 자꾸만 깊어지더니 돌연 냉정하게 태도를 바꾼 바람 탓일까. 태양이 비워 놓고 간 잿빛 하늘에선 눈이 내렸다. 이제 겨울 외투 하나쯤은 소재가 값나가는 게 있었으면 좋겠다. 브루넬로 쿠치넬리의 중간 톤의 폭신한 회색 캐시미어로 하나 갖고 싶다. 오래도록(죽을 때까지) 입으려면 트랜디하지 않고 로고를 드러내지 않는 심플한 올드머니룩이 좋지 않을까. 내 형편으로는 비현실적이어서 그럴 수 있었으면 싶지만 욕망하지는 않는다.

젊어서야 값나가거나 반짝이지 않아도 젊음 자체가 그렇지 않은가. 지난날은 무광의 회색이었다면 이제 은은하게 빛이 나는 은빛이 되고 싶다. 들떠 소란스럽지 않고 묵상에 가까운 색. 허무해지는 마음을 조절할 줄 아는 지혜의 색. 고독과의 만남도 쓸쓸하지 않게 느껴지는 여유의 색. 화려하지 않지만 뒤처지지 않는 모던한 색. 남은 날을 그런 은빛 찬란한 빛깔로 살기를 소망한다.

지금도 멋진 나이라고 말할까

 여고 30주년 때 우리는 쉰 살. 30년 세월은 여고생 얼굴에 중년 여자 분장을 한 것 같았다. 졸업하고 처음 보는 친구는 어색해서 아는 체하기가 쑥스러웠다. 그중에는 전혀 알아볼 수 없는 동창도 있었다. 잘못 찾아온 후배나 선배가 아닐까, 하는 생각은 나뿐만이 아니었다. 표정 관리 안 되는 친구 옆구리를 찌르며 나도 괜히 무안해서 시선을 돌렸다.
 겨우 그 친구 옛 모습을 생각해내곤 더 어이없었다. 예쁘기만 했던 게 아니라 날씬하고 미끈했던 친구. 가무잡잡한 그 친구는 상당히 매력적이었다. 서양 미인 조각상처럼 좁은 얼굴에 선명한 눈매 오뚝한 코, 무엇보다도 작고 도톰한 입술이 방점을 찍어주었다. 그런 친구였는데…. 우리는 몸집이 후덕한 중년 부인의 이름을 차마 부를 수 없었다. 여고 때 적당히 예뻤어야 했는데 너무 예뻤기 때문이었다.

친구들을 오랜만에 만나니 서로 반기며 식장 안은 흥분상태였다. 의례적인 순서가 끝나고 숙소에 모이자 수학여행 온 기분이었다. 그 아름다운 밤이 오기 전에 남편의 불호령에 어떤 친구는 이미 돌아갔고, 남아서 어울리는 척해도 부적절한 처신을 한 것처럼 좌불안석인 친구도 있었다. 그 모습을 이해할 듯 말 듯 하면서도 '붕신'이라는 표정이 여기저기서 보였다.

밤이 되자 민낯에 헐렁한 잠옷 차림으로 뭘 읽으려면 팔을 멀리 뻗고 눈살과 미간을 찌푸렸다. 노안이 됐다는 얘기다. 그러면 못 볼 것을 본 것처럼 박장대소했다. 공감한다는 측은지심이었다. 그렇게 30년을 넘나들다 보니 누구 말을 끝까지 듣지도 않았다. 들뜬 분위기가 수그러들자 한 친구가 우리의 시선을 모았다. 테니스로 단련된 단단한 체구에 학교 다닐 때는 볼 수 없었던 명랑함과 활력이 넘치는 친구. 테니스 국제심판 자격증도 있다는 그 친구는 자신을 평범한 주부라고 했어도 절대 평범해 보이지 않았다. 목소리부터 좌중을 압도하기에 충분했다.

"우리 나이 오십, 멋진 나이다."

그러자 모두 헛웃음을 지었다. 한 친구는 분통 터진다는 듯 큰 소리로 말했다.

"야! 꺾어진 백 살이야. 뭐가 멋져. 한심해 죽겠구만."

우리는 모두 그 말에 동조하며 여기저기서 한 마디씩 던졌다. 그러자 그녀가 한숨 쉬지 말고 잘 생각해 보자며. '여기에 우리가 모일 수 있는 것도 쉰 살이기에 가능했다. 애들은 다 커서 제 일은 알아서 해결할 수 있고 애들보다 더 오래전에 성인이 된 남편은 더 잘할 수 있다. 우리는 지금이 좋은 나이다. 아직은 젊고 자유로울 수 있지 않은가.'라고 목소리를 높였다.

그래? 머리가 열두 바퀴나 굴러가는 것 같았다. 깨달음이 별건가. 자식도 남편도 다른 가족으로부터도 해방될 수 있는 나이. 내게 주어진 것을 인지하지 못하고 습관처럼 내가 만든 껍데기를 깨지 못했던 것 아닌가. 테니스의 말은 심금을 울려주는 명언이었다.

저마다 자유의 의미가 다를 것이지만 그것을 누릴 수 있는 여건은 나이가 많은 부분을 차지할 것 같았다. 이제 얽매이지 않고 자기의 본성을 좇아갈 수 있는 시점이 아닐까. 그동안 겉으로는 잔잔했던 강물이 넓은 바다로 흘러가서 격랑의 파도가 될 듯 한 분위기였다. 마치 다시 태어나 새로운 세상이 펼쳐질 것처럼. 한 줄 메시지를 던지고 한동안 사라지든지, 하다못해 '1박 더!'라는 문제에 관하여 꽤 난분분했다. 그러나 하룻밤도 유예하지 못하고 그런 말들은 자정이 되기도 전에 사라지고 말았다.

다 허황한 말이었다. 말은 그리하면서도 구체적인 행동 지침을 제시하는 진보적인 친구는 없었다. 보수적인 친구는 도덕을 표상하며 안정을 앞세웠다. 그날 밤 진보도 중도도 모두 편집되고 말았다. 어느 정치가의 말처럼 '자유가 뭔지도 모르기' 때문일까. 어쨌거나 우리는 여자로서 생산은 끝났고 주부 든 현역이든 가사 노동만이 존재감이었다. 노동 현장의 공백이 불편해서 현실을 감내하는 것인가. 가정에서 평화, 안정, 행복이란 누군가의 복종과 순종이 필요조건인가. 우리가 빛나는 재원이었다는 전설 같은 얘기는 우리만 인정하는 것이었다.

시간이 많이 흘렀다. 쉰 살 같은 건 이제 나이도 아니다. 그때보다 더한 자유를 얻었고 자유를 넘어 방종하게 살고 싶어도 건더기 하나 건질 것 없는 맹물 같은 심정이다. 우리가 자유를 말할 때 한쪽 구석에서 그래도 밥통에 밥은 해놓고 나와야 한다는 소심하기 이를 데 없는 발언을 했던 친구.

그에게 밥은 아직도 난공불락의 요새일까. 나도 하루 세끼와 창문 밖 작은 공간에 작은 꽃을 키우는 소소한 일상을 견디면서 가끔 바닷가에서 석양을 본다. 해넘이를 보며 시간은 극복의 대상이 아니라는 생각이 들면 훅! 하고 치밀어 오를 때가 있다.

2024년 올해 우리 이리여고가 100주년이고, 우리는 졸업한 지 50년이 됐다. 그때처럼 우리는 시월에 만난다. 친구들 모습에서 내 모습을 정확하게 읽을 수 있을 테다. 반갑기도 하고 지난 세월을 반추하면 서럽기도 할 게다. 이제 테니스 친구도 탁구로 작아졌다. 그는 어떤 말로 우리에게 느낌표를 찍어줄까. 설마 '우리 나이 칠십, 멋진 나이다!'라고 할까? 그렇다면 어째서 멋진가를 설명할 수 있어야 할 텐데.

"나이는 숫자일 뿐이야."

"남는 게 시간밖에 없어."

이런 미적지근한 얘기 말고 좀 더 센 말을 폭죽처럼 쏘아주려나? 그녀에게 기대를 걸어본다. 칠십에 반격할 수 있는 어떤 보루를 품고 나올지 모르니까.

4장

쓰레기 줍는 할머니 ·
애인이 생겼어요 ·
달을 보고 짖다 ·
웃통 벗은 남자 ·
눈물의 못 ·
귀거래혜 ·
꿈길밖에 길이 없어 ·
세상은 한없이 아름다울지도 몰라 ·
여행 중 만난 사람들 ·
은퇴 후 머무는 정거장 ·
태풍에도 끄떡없는 까치둥지 ·
15일간의 노동은 ·

쓰레기 줍는 할머니

 바닷가 어느 마을 길로 접어들었다. 조개껍데기가 하얗게 부서진 길을 따라 걷다 보니 몇 가구뿐인 한적한 마을이 나왔다. 작은 마을은 정돈되지 않아 어수선하고 아담하지도 않았다. 나지막한 집 마당가 시든 맨드라미 옆에서 회색빛 강아지가 나를 보자 꼬리를 흔들었다. 원래 하얀색이었을 강아지는 경계심 같은 건 아예 모르는 듯 달려 나왔다. 어제도 오늘도 심심했던가 보다.

 그날은 하늘이 맑으니 석양이 찬란할 것 같았다. 다시 심심한 강아지가 사는 동네로 일몰을 보러 갔다. 동네에 가까워지자 시커먼 까마귀 떼가 동네를 에워싸고 미친 듯이 날고 있었다. 강풍이라 까마귀도 제 몸을 가누지 못하나 할 정도로. 가까이 가보니 까마귀 떼가 아니었다. 밭두렁을 덮었던 검은 비닐이 길가에 길게 늘어선 커다란 나뭇가지마다 걸려 갈기갈기 찢긴 채로 초고속으로 내달리고 있었다. 하늘을 가린 채로 마치 세상을 향해 악이라도 쓰듯이. 검은 비닐의 유령 같은 소리. 음향까지 동원한 어떤 설치미술이라면…. 환경 문제를 비닐을 소재로 해서 보고 듣고 느끼고 생각하고 체험하는 예술로 그보다 더 훌륭한 작품은 없을 듯싶었다. 생각은 거기서 멈춰야 했는데, 불안한 상상은 이어졌다.

핵전쟁으로 멸망한 22세기 황폐한 지구를 그린 〈분노의 도로〉라는 영화를 보고 난 후라 더 그랬을까. 파도에 밀려온 부유물과 사람들이 버린 쓰레기가 흩어져 마을은 폐허나 다를 바 없었다. 심란해서 뒤돌아 나올까 하다가 강아지가 생각나서 그 집까지 갔다. 여전히 꼬질꼬질한 행색으로 꼬리 치다가 이내 집으로 들어가 버렸다. 녀석도 괴기한 비닐 바람 소리에 심사가 편치 않은 듯했다. 검은 바람이 그치면 마을은, 강아지는 다시 평온해질까. 송연한 분위기에도 서쪽 하늘은 선홍빛이었다. 거친 파도에 갈매기 한 마리가 날아가는 광경에 가슴이 서늘했다. 끊임없는 비닐의 비명으로 점점 초췌해지는 내 감정은 일시적인 파토스일까.

석양의 파노라마 앞에서 나는 왜 지구의 오염을, 작은 갯

마을의 환경을 안타까워하는 것인지. 한동안 일상에서 어떤 것들은 그 장면에 자꾸만 대입되곤 했다. 꾀죄하고 정돈되지 않은 그 작은 마을은 여행 중에 엽서처럼 예뻤던 일본의 어느 갯마을을 대비하면 화가 났다. 우리도 그럴 수 있는데. 크게 꾸미지 않더라도 있는 그대로 무구할 수 있는데. 조금만 쓰레기를 줄이고 치워도 환경은 훨씬 나아질 텐데.

대부도 남동쪽으로 망둥이 낚시를 간 적이 있다. 갯가의 작은 터에는 주차장이 있었고 바다를 바라보는 작은 동산이 참 예뻤다. 황톳빛 기암절벽에 작은 나무들이 분재의 고목처럼 멋이 있었다. 그렇게 아름다운데 주변은 스산하기 이를데 없었다. 쓰다 버린 어구와 작업 장비들과 옷, 신발이며 주방에서 쓰던 것들, 과자봉지 생수병 심지어 속옷가지들이 이리저리 나뒹굴었다. 망둥이 낚을 생각은 간데없고 널브러진 쓰레기가 눈에 걸렸다. 내가 감당하고 치울 수 있을 거 같아서 시작했는데 같이 간 사람들이 낚시가 끝나고 나서야 얼추 정리되었다. 쓰레기를 한쪽에 쌓아둘 수밖에 없었지만, 또 흩어지고 원상으로 돌아갈 것이다. 그래도 누구의 간섭도 받지 않고 치우고 나니 속이 후련했다. 그 기분을 누가 알까.

거기뿐만 아니라 정리하고 정돈하면 예쁠 마을은 많다. 하다못해 길에 나뒹구는 쓰레기만 치워도. 내가 모든 일을 내던지고 그런 일을 하는 것은 아니다. 여건이 되면 눈치를 보면서 하는 편이다. 심심한 강아지가 사는 동네 골목과 해변에 뒹구는 쓰레기도 반사적으로 치우게 된다. 동행한 사람에게 타박도 듣는다. 몇 개 치운다고 해서 달라질 게 없다는 말에 공감도 한다.

"놀러 와서 왜 그래? 네 모습이 어떤지 알아?"

"어때 보이는데?"

"쓰레기 줍는 할머니 같잖아."

쓰레기 줍는 할머니? 나쁘지 않다. 그렇게 살고 싶은 마음도 있다. 내가 감당할 수 있을 만큼의 작은 마을에 살면서 내 집 앞을 쓸다가 옆집 앞도 쓸고 그 옆집도 쓸고 또 옆집도…. 해 질 녘이면 강아지와 함께 산책하고 돌아오는 길에 쓰레기를 줍는 것이다. 누군가에게는 허황하게 가닿을지 모르나 나는 마을 하나를 깨끗하고 이쁘게 만드는 일이 멋지다고 생각한다. 가꾸고 싶은 낭만이다. '기이하고 공상적이며 감성적'이라는 낭만의 뜻풀이대로 기이하게 들릴지도 모르지만 그러면서 늘그막을 보내고 싶다. 마을이 엽서 풍경처럼 깨끗해지면 그 속에 사는 사람이 새하얗게 늙어도 봐 줄 만한 그림일 것 같다. 어쩌다가 그 마을로 걸어 들었던 이들도 정갈한 풍경에 반하여 잇몸 만개한 웃음을 지을 수도 있을 테니까.

애인이 생겼어요

 비가 많이 내렸다. 화정천에 흙탕물이 며칠째 흐르더니 물이 맑아졌다. 잠겼던 징검다리는 제 모습을 드러내고 돌 사이로 물이 세차게 비집고 흘렀다. 산책길에 완곡한 아치형인 목재 다리 중간쯤에서 범상치 않은 물고기를 발견했다. 팔뚝만큼이나 긴 메기가 노란 수염을 늘어뜨리고 물결처럼 흐르고 있었다. 다음 날 어두워지면 볼 수 없을 거 같아서 서둘렀다. 그다음 날도 모습을 보여줬다. 나만 신기한 걸까? 지나가는 사람에게 메기를 보라고 했더니 시큰둥한 표정이었다.

 "여기 고기 수도 없이 많아요."

 한 마디 밀어내고 휑하니 지나가 버렸다. 그렇지, 수도 없이 많지만 붕어, 잉어, 숭어가 많지 메기는 아니지 않는가. 괜히 무안했다.

다음 날, 다리 아래를 내려다보니 메기가 보이지 않았다. 어디로 갔을까? 울컥 허전한 생각이 밀려왔다. 이유 없이 속도를 내서 걸었다. 늦은 저녁거리를 찾던 물새가 놀라서 푸드덕 날아가 버렸다. '그래, 니 체구로 봐선 메기를 잡아먹진 못하겠지만, 제발 그런 생각조차도 하지 마라.' 메기조차도 내 곁을 떠난 것만 같아 못내 아쉬웠다.

여름이 끝나가고 있었다. 계절 탓인가. 바람을 쥐려는 것처럼 허무했다. 어차피 사라진 시간들이다. 환갑. 막연히 새로운 나를 찾고 싶었다. 내 안의 뭔가 있지 않을까. 그제야 산책로 끝에 건물이 도서관으로 보였다. 거짓말처럼 몇십 년이 지나도록 책 한 권도 읽지 않았던 내가 어느 시인의 글을 읽으며 나도 써보겠다는 욕구가 생겼다. 시작은 미약하나 그 끝은 창대하리라, 그런 황당한 생각은 아니었다. 잠재된 본능 같은 거였다.

어떤 책을 읽다 꽂히면 그 작가 책을 모조리 찾아 읽었다. 나도 몰랐던 독서 성향으로 온종일도 부족했다. 어느 날 창밖을 보니 가을이 와 있었다. 한 계절이 지난 뒤에 도서관에 매점이 있다는 것을 알았다. 끼니를 해결하는 방법을 찾다가 매점 점원으로부터 '참깨컵라면'을 추천받아 한동안 질리도록 먹었다.

  창으로 가을 호수공원 풍경이 들어온다. 실눈으로 보면 바람이 보일 듯 청명하다. 수직으로 치솟다가 리드미컬하게 떨어지는 분수의 물보라가 백마의 갈기처럼 휘날린다. 살아 숨 쉬는 생명보다 더 역동적이다. 가슴 벅찬 가을날. 포물선을 그리며 저만치 그물을 던지면 굉장한 사건이 벌어질 것 같다. 싱싱한 문장이 그물 불룩하게 걸려들어 연약한 나의 팔뚝은 금세 푸른 에나멜 선 같은 힘줄이 튀어나올 만큼 힘이 생긴다. 홀로 배를 타고 나간 노인이 84일을 허탕치고 85일 만에 배보다 더 큰 청새치가 걸려들었을 때 감정이 그리 벅차고 휘몰아쳤을까. 불광불급不狂不及, 그때 더 활활 타게 미쳤어야 했는데 피식, 꺼졌다. 때로 추궁처럼 부담되기도 하는 글쓰기. 이제는 놓지도 못하고 헤어지지도 못한 내 삶의 그 무엇이다. 잊을 만하면 나타나 마음을 흔드는 사내 같다 할까.

  도서관 가는 길가의 풀은 겨울인데도 파랬다. 기상이변 탓일까. 예전 같으면 벌써 사라지고 없을 푸른 잎들이 양지쪽에 남아 있었다. 풀숲에 새끼손톱만 한 하얀 메꽃이 피어 있었다. 질긴 생명력이 야무져 보이면서도 애잔했다. 고기들은 보이지 않았다. 키를 넘게 무성했던 수초들도 점점 쓰러져 가더니 물속으로 잠겨 버렸다. 눈발이 날리는 겨울 물가는 습해서 더 춥게 느껴졌다. 두꺼운 파카 점퍼에 노트북 백팩을 메고 도서관으로 가는 길에는 산책하는 사람이 드물었다.

 겨울은 안으로 숨고 싶은 계절인가. 노트북을 연결하고 한 자리를 차지하고 앉으면 도서관은 캡슐 속 은둔의 내 세상이 된 것 같았다. 눈이라도 내리는 날엔 더 그랬다. 텀블러에 티백 하나 담가 창가에 서면 점묘화 같은 풍경이 한참 동안 나를 무아無我로 데려갔다. 지난가을 조금 설레었던 대가로 겨울은 현실로 돌아와야 했다. 독서와 글쓰기로 시간을 보낼 수는 없었다. 틈틈이 도서관을 찾았지만, 때마다 오래 머물 수 없는 것이 아쉬웠다.

 무심코 창밖을 보니 목련 몽우리가 금방이라도 터질 것 같았다. 도서관 단골 젊은이 몇몇이 보이지 않았다. 원하던 시험에 합격했나? 어슴푸레한 저녁, 나도 면식 있는 몇몇 청년이 도서관 뒤뜰 테이블에서 피자와 콜라로 축하 파티를 하고 있었다. 서늘한 저녁 공기를 타고 피자 냄새가 풍겼다. 키 작은 관목 숲에서 너구리 한 마리가 슬그머니 나왔다. 가까이 가지 못하고 간절한 눈빛으로 피자 냄새를 쫓았다. 청년들은 너구리를 보지 못했으므로 자비를 베풀지 못했고 너구리는 배고픔보다는 두려움이 컸던지 입맛만 다시며 천천히 숲속으로 사라졌다.

돌아서던 너구리의 슬픈 눈빛을 뒤로하고 나는 5년 전 이사했다. 더한 효자는 없을 것이라는 자부심으로 아들이 추천한 아파트는 2차선 도로만 건너면 도서관이다. 집에서 도서관에 끈을 걸고 도르래에 매달려 타잔처럼 휘리릭 건너가도 무리가 없을 거리다. 아들이 나를 찾아올 때면 "엄마 도서관에 계세요?"라고 묻는다. 의중에는 도서관 가까운 집이라고 생색을 내는 뜻도 있을 것이다.

'너구리 도서관' 이어 '도르래 도서관' 합해보니 사계절이 아홉 번이나 지나갔다. 정들 만도 하다. 이제 도서관은 내게 흔들리지 않게 받쳐줄 모탕 같은 애인이다. 내 도끼날은 무디지만 순간에 일도양단하는 시퍼런 서슬까지는 원하지 않는다. 늘그막에 애인이 되어주어 고맙다고 썼다가 지운다. 당신이 달아 준 날개로 훨훨 날고 싶다고 썼다가 너무 나간 것 같아 지운다. 나 좀 빛나게 해주면 안 되느냐고 썼다가 제풀에 놀라 지운다.

사랑하다 이별하는 게 천지개벽 같아서 한 곳을 향해 요지부동이었다. 그러면서도 불안해했다. 이제는 옆구리에 종신보험 든 듯 포근하다. 애인이 사계절 바짝 붙어 꽁냥꽁냥 팔짱 끼고 지켜주니 든든하다. 내가 등 떠밀지 않는 한 내 애인은 떠나지 않을 테고 나도 그럴 마음이 없다. 결단코!

달을 보고 짖다

 폐휴지 줍는 할머니의 손수레가 넘어지자 지나던 군인이 달려와 도와줬다는 기사에 댓글이 달렸다. 힘든 할머니를 위해 애써준 반듯한 군인. 댓글을 달아 준 마음 따뜻한 사람들. 꽤 많은 칭찬 댓글에 괜히 가슴이 훈훈했다. 물론 그 기사의 댓글에도 살짝 비트는 말은 있었다.
 댓글은 누구에게나 주어진 발언권이다. 자유롭게 말할 수 있는데 그 주장에 대한 관점이 다를 수 있고 또 그 댓글에 관한 찬반이 있다. 거기에 이유 없는 악플도 있다.
 인터넷에 대략 이런 내용의 기사가 실렸다고 가정해 본다. 만약에 말이다.
 '카프카는 친구 브로트에게 죽고 나면 자기 작품 여섯 편을 모두 불태워 달라고 부탁했다. 브로트는 약속을 지키지 않고 미완성 원고와 사적인 편지까지 출판했다.'

이 기사에 어떤 댓글이 달릴까?

'카프카가 유언대로 했더라면 카프카의 이름과 작품은 살아남지 않았을 것이다.'

'습작과 초고라니, 더 순수한 카프카를 읽을 수 있겠다.'

과연 긍정적인 댓글만 있을까. 아마도 그런 일은 없을 것이다.

'브로트가 돈에 눈이 멀었어.'

'유언을 지켜주지 않은 브로트는 누가 뭐래도 부도덕한 인간이야.'

'작가는 습작이나 초고가 공개되는 것을 치명적이라고까지 생각하는데 카프카에게 망신을 줬네.'

브로토가 살아 있다면 저 댓글을 어떻게 소화할 수 있을까. 본인은 친구를 위한 애정의 발로였고 선행이었다고 말할 것이다. 억울해하겠지만 비난의 댓글은 피해 갈 수는 없다. 백여 년이 흐른 뒤에 밀란 쿤데라도 브로트를 부도덕한 사람이라고 격렬하게 비판했으니 말이다.

댓글의 파급효과는 여론 형성에도 영향을 미친다. 소위 말하는 악플일 경우에는 더 그렇다. 꼬챙이로 후벼파듯 몽둥이로 갈기듯 한 댓글은 섬뜩하다. 그보다 더한 것은 없는 애기를 만들어내고 그게 사실인 것처럼 둔갑하는 일이다. 변형하고 왜곡할 수 있는 한계는 없다. 그런 악의적인 댓글에 인생이 엇나가고 상처받아 스스로 목숨을 끊은 사람도 있다.

기사가 아니어도 인터넷 매체에 글이 오르면 반응이 온다. 얼마 전 내 글을 전 세계인이 볼 수 있는(?) 동영상 사이트에 올렸더니 댓글이 달렸다. 공감이 간다거나 잘 들었다는 등의 평소 알고 지낸 사람의 인사말 정도였다. 그런데 돌연한 댓글이 하나 있었다. 열두 번을 새겨 읽어봐도 소름이 돋는 내용이었다. '이 사람의 실체를 아느냐'는 것이었다. 다시 말하면 나의 실체를 말하는 것 같았다.

댓글의 내용이 구체적이지 않아 갖은 상상을 해봤다. 실체라, 갑자기 거물급 인사라도 된 것처럼 나 자신이 생경하다는 생각이 들었다. 요즘 사회적으로 문제 되는 '학폭'의 가해자라도 된다는 말인가. 누구를 크게 해했거나 나라를 팔아먹은 매국노처럼 들리는 고약한 뉘앙스. 누군가가 뭔가를 의도했다면 충분한 저격이었다. 한동안 삶의 질이 떨어졌다. 불면에 불면을 보태고 입맛도 달아나고 수많은 죄도 만들어내고 있었다.

어찌 보면 글을 쓴다는 자체가 문제의 발단이다. 독자마다 생각과 관점이 다르니 의외의 방향으로 흘러갈 수 있다. 글의 내용만 가지고 이야기해도 흠을 잡자면 끝이 없고 게다가 진실 여부가 밝혀지지 않은 작가의 사생활까지 보태지면 더 끝이 없을 테다. 내가 내 손으로, 나의 인식대로 썼으니 나는 어떤 평가도 피할 수 없다. 쓰지 않으면 아무런 일도 벌어지지 않는데 못 참고 썼으니 상응하는 대가를 치러야 하나 싶었다.

 보편적으로 글 쓰는 사람의 기대 수명이 제일 낮은 이유 중에 창작에 대한 압박감과 의욕 상실이 있다. 거기에 비평과 비판과 댓글까지 더하면 더 힘들 것이다. 유명한 작가만 그런 게 아니고 변방의 작가도 그렇다. 그러면서 그들은 왜 글을 쓰는가. 나는 또 왜 쓰는가. 이런저런 이유를 들어 나열하면 허영처럼 들릴지도 모른다. 사실 왜 쓰는지 나도 잘 모르겠다. 그냥 쓰고 싶을 때 쓰고 늘 더 잘 썼으면 하는 마음앓이를 하는 것은 분명하다.

 뜻을 알 수 없는 댓글에 마냥 대승적일 수만 없어서 댓글러가 이쁘지 않다. 상대를 모르거니와 내용도 구체적이지 않으니 어디에 대고 무슨 말을 할 것인가. 달을 보고 괜히 짖어대는 개의 심정이 된다. 이럴 땐 상황을 일반화시킬 수밖에 없다. 살아가는 행위 자체가 늘 상대가 있고 다 좋았을 리 없고 나 때문에 손해 본 사람이 없다고 어찌 단정할까. 물질, 정신, 관계 모두 포함해서 말이다. 칠십 년 가깝게 살았으면 세상에 모든 죄를 갖다 덮어씌워도 할 말이 없는 나이다, 그렇게 생각하고 접으려 한다.

마음의 상처는 소심하면 더 커진다. 의도적으로라도 강인해지려는 노력이 필요하다. 그러려면 무엇엔가 몰입해서 화가 삶을 잠식하지 못하도록 해야 한다. 물속에서 뭘 생각하랴 싶어 한동안 물에서 심신을 단련했다. 수영은 나름 극한의 운동이었다. 그중에도 어려운 게 배영이었다. 컴컴한 밤에나 위를 보고 누워있지, 밝은 대낮에 트인 공간에 배를 보이고 누운 자세가 쑥스럽고 어색했다. 배를 보인다는 것은 강아지에겐 반성이나 복종의 의미다. 왠지 모든 것을 내보이는 허망한 자세로 뒤로 저어야 하는 팔 동작은 넘지 못할 난제였다. 고질의 몸치도 한몫했다. 수도 없이 그만두고 싶었다. 대신 다른 영법에 비해 힘은 덜 들었다. 긴장할 때마다 가슴에 새겼던 힘을 빼라, 라는 말을 염두에 뒀다. 어느 시점에서 나도 모르게 여유가 생기고 가장 즐기는 영법이 되었다.

 사계절이 지나고 어느 날 오후 1시. 그 시간에는 거의 사람이 없다. 여덟 레인 중에 한 레인에 거짓말처럼 나 하나가 떠 있었다. 수영장 전체에 서너 사람이 있었다. 수영장 천정은 더 높아 보였고 수면은 정지된 화면 같았다. 황송하게도 양안에 안전 요원 둘이 나 하나를 위해 존재한다고 봐도 될 것 같았다. '황당함'과 '민망함'이 섞인 적절한 표현을 찾지 못한 채 이유 없는 낭만에 젖어 들었다. 여기가 강인가 싶었다.

 '한여름 밤 부드러운 산들바람이 수면을 흩트리지 않으며 강 위로 천천히 불어온다.'는 적벽부의 한 구절이 떠올랐다. 나도 과한 파문이 일지 않도록 팔과 발의 노를 부드럽게 저었다. 그야말로 일엽편주가 아닌가. 오롯이 나 하나. 이처럼 어느 한적한 호수에 나를 띄워 별과 달과 바람을 즐길 수 있다면….

 물 위에 뒤집힌 자세로 하는 생각이 좀 비현실적이긴 했다. 그러고 보니 한동안 글을 쓰지 못한 것 같다. 나를 드러내는 글을 만천하에 내놓은 것이나 물 위에 드러누운 자세나 민망하기는 마찬가지인데…. 그래도 나는 오늘도 글의

근처를 배회한다. 내게 잘못이 있다면 아니, 분명 잘못한 점이 있을 것이다. 다행한 것은 악플에 대한 후유증이 오래가지 않았다는 것이다. 그저 맷집이 좀 생겼다고나 할까.

웃통 벗은 남자

 태양이 작열하는 오후 두 시. 길 건너 산책길에 움직이는 거라고는 아무것도 보이지 않았다. 뭔가 나타나면 녹여버릴 것 같았다. 읍사무소인가, 스피커에서 친절하고 느린 톤으로 타이르듯 말했다. 노약자는 외출을 삼가시라고. 마치 확성기가 하늘에 매달려 있는 것처럼 소리가 허공에 울렁거렸다. 현재 온도 38도. 미쳤어, 나도 모르게 중얼거리다 밖을 내다보는데 산책로에 난데없는 형체가 나타났다.

 불볕을 가르고 웃통을 벗은 남자가 달리고 있었다. 〈쿠빌라이 칸〉 역할을 했던 '베네딕트 웡' 만큼이나 덩치 큰 남자. 족히 100kg은 돼 보이는 데다 검은 황톳빛 피부는 기름을 끼얹은 듯 번질거렸다. 머리까지도 번들거렸다. 비주얼이 그럴듯하여 어디엔가 촬영 팀 카메라가 있을까 하여 둘러봐도 그런 건 없었다. 무슨 일이라도 일어날 것처럼 묘한 분위기. 미쳤어, 라는 말이 또 새어 나왔다.

불볕더위에 생긴 계절적인 관종인가. 남자는 가까워질수록 실망이었다. 덩치만 컸고 근육질도 아닌데다 젊은이도 아니었다. 슬금슬금 짜증이 올라왔다. 이글거리는 태양에 느글거리는 남자의 행태를 보니 온도가 치솟는 거 같았다. 이열치열도 유분수지 예의 없이 해수욕장도 아닌데 천여 세대 아파트 산책로에 웃통을 홀라당 벗은 객기는 도대체 뭐란 말인가. 대낮에 웃통을 벗고 거리를 활주한다는 것은 누가 봐도 거슬리는 일이다.

오래전 홍콩 여행 때 가이드가 '웃통 벗은 사람은 본토에서 온 노동자'라고 업신여기는 투로 말했다. 중국이나 홍콩이나 우리가 보기엔 같은 나라인데…. 제국주의가 만들어낸 정서의 골로 좀 우월하다고 자인하는 무리가 상대를 경멸하는 듯한 인상을 받았다. 더우면 아무 데서나 웃통을 벗고, 아무리 더워도 아무 데서나 웃통을 벗지 않는 정서의 다름을 '웃통'이 보여주는 걸까.

이래도 저래도 드러난 장소에서 상의든 하의든 벗는 행위는 볼썽사납다. 그렇다고 민원을 넣어 그 남자에게 옷을 입히라고 할 수도 없는 일. 혹시 내가 벗은 몸에 관심이 많거나, 벗은 몸에도 감응하지 못하니 짜증 내는 거 아니냐고 반문하진 않더라도 개인적인 히스테리로 치부해버리면 기분만 나쁠 테니. 배꼽을 액세서리나 되는 양 드러낸 명랑한 처자들도 있으니 상쇄하는 걸로 하자.

'웃통'은 일주일에 한두 번쯤 그 시각에 나타나곤 했다. 아무래도 건강을 위한 달리기라기에는 무모해 보였다. 일사병을 각오하지 않고서야 보통 사람으로는 그럴 수 없는 일이다. 제법 속도를 내다가도 발목에 쇠사슬이 묶인 듯 달리는 힘의 안배도 위태해 보였다. 주황과 연두로 조각조각 이어 붙인 바지도 거슬렸다.

내가 사는 아파트 옆길은 큰길인데도 뒷골목처럼 칙칙하다. 구도시 일부가 개발이 덜 된 이유다. 쭉 늘어선 우중충한 인력 사무실에 모여드는 이주 노동자들. 중국, 몽골, 태국, 베트남, 터키, 러시아, 우즈베키스탄…. 달리는 모양새도 옷차림새도 불안한 '웃통'은 아파트 옆 인력 사무실에 소속된 노동자 같았다. 그는 사무실에서 시작해 상의 탈의한 채 건널목을 건너 산책로로 달려가고 있었다.

버스를 기다리던 사람들은 고개가 돌아가도록 그를 바라보았다. 마치 외계인이라도 본 것처럼. 약봉지를 든 한 할아버지가 혼잣말로 "비 오는 날 저러고 다니면 미친놈이라고 하지"라며 맨살이면 더 더운 거라고 안타까워했다. 예전 같으면 "저런 버르장머리없는 놈을 봤나."라고 할 수도 있었을 텐데 요즘은 젊은이를 나무라는 노인은 없다고 봐야 한다.

더우면 아예 벗어 맨살을 드러내는 게 그들의 생활방식이고 습관이라면 이해는 해야겠으나 같아지지는 않을 것 같다. 거의 무의식적으로 행해지는 습관은 반복할수록 자동적이 된다. 생산 현장에 노동인구가 절대적으로 부족한 우리의 현실을 생각하면 마음이 좀 복잡해진다. 그래서 그들과 우호적이어야 한다는 계산이 전혀 없는 것은 아닐 테다. 어느 플래카드의 문구는 더 많은 생각을 하게 한다. '불법 체류자 단속 강화하면 농사는 짓지 말라는 얘기입니까?' 불법마저도 묵인하자고 큰 소리를 낼 수밖에 없는 현실이다.

노동인구 절대 부족과 인구 절벽이라는 공포 앞에 우리도 이민정책을 검토하지 않을 수 없다는 보고서를 본 적이 있다. 정서가 다른 이민족과 어우러져 같은 공간에 산다는 것. 어떤 행동은 비정상적으로 보일 수도 있다. 범죄율이 자국민보다 높지 않다고는 하지만 불법 체류자들은 문제의 소지가 있다.

진나라가 통일 후, 이사는 진시황에게 다른 나라의 인재 등용을 설득하며 '태산은 한 줌의 흙도 사양하지 않아 그 높이를 이루었고, 황하는 한 줄기의 시냇물도 가리지 않아 그 깊이를 이루었다.'라고 했다. 기원전 얘기다. 그런데 어쩌라고? 이주자들은 '맨땅에 헤딩'하는 각오로 한국 땅에 왔을 테고 비장한 자세로 열심히 돈을 벌어 갈 것이다. 그게 다일 수밖에 없는 게 그들과의 관계일까.

구월에도 '웃통'은 그 모양새 맨살이었다. 시월이 되어서야 오후 두 시쯤 그가 웃옷을 입고 나타났다. 반소매 티 하나를 입었을 뿐인데 산책길을 내려다보는 내 시야가 편안했다. 내년 여름까지는 그럴 것 같다.

눈물의 못

 아버지 가시고 여섯 달 만에 엄마도 떠나셨다. 한동안 황망해서 눈을 감으면 검은 그림자 같은 것이 떠다녔다. 아버지께서 엄마를 데려가신 것 같았다.
 "아버지, 저 힘들어요. 엄마 좀 데려가세요."
 아버지 장례식에서 담을 수 없는 말을 하고 말았다. 그런 나를 믿지 못해 데려가셨을까. 내가 그런 말을 할 수 있으리라곤 상상조차도 해본 적이 없는데 죄송하고 두려웠다. 그러면서도 굳세지도 못한 나를 숨 돌릴 틈도 없이 휘몰아친다고 엄마 아버지에게 투정했다. 슬픈 감정보다 장례 치를 걱정이 앞섰다.
 얼떨결에 입관식이 시작되었다. 수의를 입은 엄마 얼굴을 보는 순간 난 주체할 수 없이 화가 치밀었다. 지나치게 허연 파운데이션과 빨간 립스틱. 기가 막혔다. 내 표정에 영안실 직원이 변명처럼 말했다. 예쁘게 하고 가시라고…. 티 없이 하얀 피부에 지적인 얼굴인데 정 떼라는 어떤 의도가 있지 않고서야 그럴 수는 없었다. 마지막 모습을 담아두라는 직원의 말에 더 화가 났다. 화장을 지우고 원래 엄마의 모습으로 돌려놓고 싶었다. 눈물도 나지 않았다. 가족은 실신이라도 할까 봐 내 주위를 에워싸고 미리 내 겨드랑이에 손을 끼고 있다가 의아해했다.

아버지 생전에 아버지 때문에 마음 아파하거나 울어본 적은 없었다. 돌아가셨을 때는 끝없이 눈물이 흘렀고 오열했다. 너무 엄격해서 가족으로부터 외로웠을 아버지. 돌아가시던 열흘 전까지 병약한 엄마를 지켜줬던 아버지. 아흔넷, 돌아가신 모습마저도 얼마나 건강해 보였던지! 아버지는 마지막까지 초라하지 않았다. 나는 그 모습이 내게 좋은 기운으로 전해졌고 내게 주신 정신적인 유산이라 생각했다. 이별은 슬펐지만 가신 뒤 건강하셨던 아버지를 흠모하게 되었다.

그런데 엄마의 죽음 앞에서 왜 눈물이 나지 않았을까. 지나친 화장 때문만은 아니었을 텐데. 장례가 끝나도록 나는 눈물이 나지 않았다. 카뮈의 《이방인》에서 '뫼르소'가 한 행동이 언뜻 떠올랐다. 어머니의 죽음을 보고도 아무 일 아닌 것처럼 담배를 피우고 커피를 마시고 해수욕을 하고 여자와 자고…. 내 가슴이 뻐근하게 조여들어 뭔가가 똬리를 틀었다. 남들에게 그저 덤덤하게 보일 뿐인 내 행동에 나도 이해할 수 없었다.

엄마는 젊어서 감기만 걸려도 생사의 갈림길에 서곤 했다. 어려서는 나를 두고 출근하는 엄마와 떨어지는 게 불안해서 울었고 어른이 돼서는 몇십 년을 응급실과 중환자실 앞에서 수시로 울었다. 셀 수 없이 죽음의 문턱에서 나를 애타게 했던 엄마. 그때 이미 엄마 몫의 눈물은 소진돼 버린 걸까. 난 그렇게 화난 것처럼 엄마를 보내드렸다.

늘 엄마가 고팠다. 아침이면 엄마 아버지는 직장에, 언니 오빠는 학교로, 막내인 나만 커다란 외딴집에 남았다. 뙤약볕에서 잠자리를 잡고 또 잡아봐도 하루가 길기만 했다. 해질 녘이면 엄마가 돌아오지 않을 것 같아서 불안했다. 가끔 돌아오지 않을 때도 있었다. 그러면 온 세상이 새까맣게 타들어 가는 것처럼 무서웠다. 그럴수록 나는 엄마에 집착했다.

엄마와 아버지의 부부 전선은 지뢰밭이었다. 아버지는 엄마가 글을 쓰면 폭발하듯 화를 냈고 살림도 다 부숴 버렸다.

그래도 엄마는 뭔가를 썼다. 초등학교 때 어쩌다 엄마가 아버지에게 쓴 편지를 읽게 되었다. 깊은 내용을 잘 알 수는 없었지만 시골구석에 남겨두고 서울에서 잘 오지 않는 아버지에 대한 원망이었다. '남자의 부속품으로 살지 않겠다.' 라는 대목은 정말 청천벽력이었다. 이혼하고 우리를 버리고 가겠다는 경고장 같아서 아버지에게 전해지기 전에 아궁이에 태워버렸다. 편지가 사라지고 난 후 어떤 화가 내게 닥칠지 모른다는 생각보다 사태를 미리 방지하고 싶은 마음이 컸다. 아버지는 내가 감히 어떤 생각을 할 수 없는 대상이고 엄마만 참으면 될 것 같았다.

나는 엄마가 글을 쓰면 두려웠다. 책을 읽거나 세계지도를 펼쳐 놓고 생각에 젖는 모습도 싫었다. 우리를 두고 가버릴 것만 같아서였다. 나는 다른 엄마들이 집에만 있고 책도 글도 안 읽고 안 쓰는 것이 부러웠다. 학교 갔다 오면 집에 있는 엄마. 집에 없어도 언제라도 들에 나가면 찾을 수 있는 엄마. 그저 엄마로서만 우리 곁에 있어 달라고 마음으로 빌고 또 빌었다.

부부의 세계란 알 수 없는 일. 나를 배신이라도 하듯 백년해로했다. 두 분이 구십이 넘도록 사셨고 몇 개월 사이로 돌아가셨으니 해로하신 것이다. 그러는 동안 두 분의 갈등에 나는 분리불안증이 고질이 되고 말았다. 엄마가 퇴근할 때쯤이면 눈을 감고 오래 참다가 눈을 떴다. 눈을 뜨고 기다리는 게 너무 힘들어서였다. 그게 버릇이 되어 지금도 누구를 기다리려면 눈을 감곤 한다. 해 질 녘이면 가슴이 뚫린 것처럼 스산한 것도 두 분의 전쟁이 내게 남긴 것이다.

  돌이켜보니 엄마가 자주 아팠던 것은 울화병이었다. 당신이 하고 싶었던 일을 못해 자주 앓았다고 이해한 것은 불과 몇 년 전이었다. 그런 엄마를 배려는커녕 공포로 몰아갔던 아버지를 이해한 것도 그때쯤이었다. 무병이나 앓는 것처럼 늘 비상을 걸었던 엄마를 평생 보는 아버지도 참 힘드셨겠다고. 그리고 나는 아버지가 돌아가셨을 때 정말 울고 싶었고 많이 울었다. 아버지가 계셨을 때 나오지 않았던 눈물을 마지막으로 쏟아내기라도 하듯.

귀거래혜

 쨍그랑 소리를 내며 깨질 것 같은 가을 하늘. 그 하늘을 시샘하는 듯 비가 내렸다. 노인이 기운 좋은 것과 가을 날씨는 믿을 수 없다더니 느닷없었다. 비에 잎이 지고 가지가 앙상해지면 가을이 깊어질 텐데…. 돌아가야 할 때를 놓쳐버린 듯 아쉬운 기분은 뭔가.

 언젠가부터 고향으로 가고 싶다는 생각이 들곤 했는데 낙엽이 지면 더 그렇다. 이때쯤이면 〈귀거래혜歸去來兮〉라는 시구가 귀에서 쟁쟁거린다. 잠들기 전에 켜 놓는 텔레비전 프로가 있다. '나는 자연인이다' 그야말로 자연으로 간 자연인의 일상을 보여준다. 화면 속의 자연이 고향처럼 여겨져 보다가 시나브로 잠이 들기도 한다.

 자연으로 가는 것도 귀향도 그리 쉬운 문제는 아니다. 내용은 좀 다르지만 지방에서 공사 현장에 있을 때였다. 어차피 시간이 걸릴 일이고 주변 경치도 좋아 세컨하우스 삼아 집을 구했다. 집을 꾸미고 살림을 들인 후, 2년 동안 정작 닷새도 머무르지 못했다. 우선 두 집을 관리한다는 것이 일이 많고 복잡했다. 나중에 정리하는데도 꽤 성가셨다. 시간상으로 경제적으로도 손해였다. 고향으로 돌아가고 싶을 때마다 그 일이 마음에 걸렸다. 온전한 귀향은 괜찮을까. 마음만 그럴 뿐이었다.

마침 가까운 친구가 고향으로 간다기에 그녀를 통해 시뮬레이션해보기로 했다. 내게 모델이 됐던 친구의 고향은 지리산 근방, 경치가 수려한 곳이다. 친구는 서둘러서 가구와 소위 말하는 명품들을 과감하게 정리했다. 그러고는 쓰던 글을 마무리한다면서 당분간 연락하지 않겠다고 했다. 얼마나 살아낼까 싶기도 하고 솔직히 믿을 수 없는 구석도 있었다.

농사도 짓는다고 했으니 봄을 맞이할 겨울의 시간이 필요했을까. 그해 겨울은 눈이 많이 내렸다. 눈에 갇힌 은둔의 산골에 글 쓰는 그의 모습을 상상했다. 러시아가 문학이 발달한 이유 중의 하나는 추운 겨울이 길어서라는데 그런 환경이라면 좋은 글이 탄생할 수 있으려나. 낭만적인 전원생활일 수도 있고, 한편으론 겨울을 견디지 못하고 다시 돌아올 것 같기도 했다.

고요한 침묵이 깨진 것은 한여름이었다. 드디어 그의 터전에 초대받았다. 그를 보자 나는 두껍게 바른 선크림과 얼굴을 절반이나 가린 선글라스가 미안했다. 볕에 그을린 그의 얼굴이 생각했던 것보다 거칠어 보였다. 여배우처럼 뽀얗고 예뻤던 얼굴이 로션 한 방울도 못 바른 것처럼 푸석하고 머리칼은 푸시시했다. 나이보다 어려 보였던 아담한 모습이 오히려 작아서 더 초라해 보였다. 사람이 너무 갑자기 변해도 좋지 않다는데 마음이 쓰였다. 모델로 삼겠다는 생각은 어디로 가고 '왜 사서 고생을 하나?' 싶어 안쓰러운 마음이 앞섰다.

전에는 손에 반지 하나만 끼면 심심해 보였던 친구. 가진 것만큼이나 외양도 화려했었다. 원색의 호피 무늬나 고흐의 해바라기처럼 황금색이 폭발할 것만 같은 짧은 원피스도 좋아했다. 그렇게 넘치게 화려한 모습이었는데….

그를 보자마자 나도 모르게 불쑥 말이 튀어나왔다.

"어디 보자. 부르주아께서 지은 농사는 다른가."

"작품이라 해도 되겠지?"

정말 그랬다. 한눈에도 정성 들인 온갖 채소들이 눈에 들어왔다. '받들어총' 자세인 고춧대와 지지대가 마치 사열 받는 푸른 병사 같았다. 임대했다는 과수원의 사과는 터질 듯한 청춘이었다. 친구의 남편은 책이나 볼 뿐 조력자는 못 되었다. 순전히 친구와 일 도와주는 옆집 남자 작품이었다. 밭에서 나는 것들은 나눠주기도 하고 남은 것들은 오일장에 내다 판다 했다. 노상에 펼쳐 놓고 팔 수 있다는 용기가 가상했다. 보나 마나 거저 주다시피 하겠지만.

그곳은 구절양장 같아도 견딜만한 오지였다. 산길만 벗어나면 길이 뻥뻥 뚫려 있었다. 차만 있으면 그다지 불편하지는 않았다. 문제는 외로움이었다. 게다가 농작물은 짓는 사람만 귀할 뿐이다. 유기농이라면 달려올 줄 알았는데 어쩌다 왔던 사람도 다시 오지 않는다는 것이었다. 심지어 너무 멀다고 농작물을 택배로 보내 달라는 사람도 있다 했다. 그럴 수 있냐는 그의 외로운 항변은 생각했던 것보다 심각한 수준이었다.

그 뒤로 나는 두 번 다녀왔을 뿐 가을엔 사과가 대풍작이라 해도 가지 못했다. 내 짐작으로는 한 해도 버티지 못할 것 같았는데 그럭저럭 5년째다. 이때쯤이면 단풍이 찢어지게 붉어 환장할 것처럼 아름답다고 전화가 온다.

"올래?"

"갈까?"

예전처럼 오라는 말투가 간절하지 않다. 나도 선뜻 길을 나서기가 쉽지 않다. 그런데 하물며…. 모델을 닮고는 싶었으나 같을 수 없다는 생각이 짙어져 간다.

가을이면 들리는 '귀거래혜'는 바람이 불고 낙엽이 지면 찾아오는 센티멘털과 나이가 주는 감수성만은 아닐 테다. 사는 일에 휘청거릴 때도 일상에서 작은 기쁨과 행복을 느낄 때도 늘 생각했다. 언젠가는 돌아가리라고. 그러면서도 지금도 용기를 내지 못하고 계속 그 말만 뇌고 있는 것은, 정작 그곳이라기보다는 그 시절 젊었던 나를 그리워하는 것인지도 모르겠다.

꿈길밖에 길이 없어

꿈속에서도 현실이길 바랐다.

마흔다섯 살인 조카 세환이가 여덟 살 아이로 나를 찾아왔다. 오월에 하늘나라로 갔으니 두 달 만이다. 내겐 자식 같은 아이다. 내가 아이를 낳고 육아가 버거워 언니와 한집에 살며 우리는 서로 조카를 자식처럼 키웠다. 그 아이가 그때처럼 빨간 트레이닝복을 입고 왔다. 꿈일망정 붙잡고 놓아주지 않으면 못이기는 척 눌러앉을까 해서 부둥켜안고 한참을 울었다. 그 아이가 말했다.

"이모, 내가 여덟 살에 엄마가 죽었다고 생각해 봐. 그럼 내가 너무 슬플 것 같아. 내가 죽은 게 훨씬 나은 것 같아."

"너는 죽어서도 착하니?"

그 아이가 희미하게 웃었다. 여덟 살에 엄마를 잃는다면 얼마나 슬플까도 싶었다.

더는 붙잡을 수 없다는 것이 그 꿈이었다. 가지 말라는 말을 하지 못했다. 잘 가라는 말도 못 하고 꿈에서 깨고 말았다. 가면 다시 안 올 것 같은데, 언제 다시 올 거냐고 왜 물어보지 못했을까. 꿈에서 깨고 통곡했다. 꿈에라도 다시 왔으면 하고 기다려도 그리되지 않았다.

세환이 다섯 살 때 계단에서 넘어져 입술이 터져 앞자락에 피가 낭자했다. 그 아이를 업고 달리던 그때 그 무게감이 온종일 등에 매달려 있는 것 같았다. 유치원 소풍 때 내 무릎에 앉아서 찍은 사진 속에서 그 아이가 걸어 나올 것만 같았다. 제 엄마가 병원에 입원해 있다가 나왔을 때라 소풍 때 같이 갈 수 없다는 걸 알고 있었던 것 같았다. "소풍, 이모하고 가고 싶어."라며 내 얼굴을 끌어안고 속삭이던 목소리가 들리는 듯했다.

그 아이 여섯 살이었던 가을날이었다. 국수를 사 오라고 심부름 보냈는데 오지 않아 나가 보았더니 길 한편에서 차렷 자세로 서 있었다. 국수를 옆구리에 끼고서. 그때는 국기 하강식이 있었다. 거리에 애국가가 울려 퍼지고 아이는 아주 경건하게 태극기를 향하여 거수경례 자세로 애국가가 다 끝나도록 서 있었다. 한산한 거리에는 그 아이뿐이었다.

먼발치에서 그 모습을 바라보다가 웃음이 터져 나왔다. 나를 보더니 달려와서는 계면쩍은 듯하면서도 스스로 자랑스러워 함박웃음을 짓던 아이. 달려오면서 갈라진 앞머리 사이로 방금 껍질을 벗긴 양파처럼 도톰했던 이마. 보일 듯 말 듯 한 입술의 상처가 나는 그날도 아릿했다. 그날 입었던 카키색 긴 바지에 어깨 부분에 체크무늬가 덧대 있던 겨자색 남방을 지금도 그대로 그릴 수 있는데….

미국에서 나와 2년 군 복무하는 동안 단 한 주도 거르지 않고 내게 왔었다. 뭘 먹고 싶냐고 물으면 한결같이 '돼지고기 빨갛게'였다. 돼지고기를 고추장에 버무려 볶아주면 '이모는 세상에서 제일 멋지고 음식도 최고!'라고 칭찬했고, 나는 '세상에서 너처럼 멋지고 성실한 녀석은 없다!'라고 했다. 나는 이제 돼지고기볶음을 먹지 않는다. 거짓말처럼 피하게 된다.

어른이 되고 장가를 갔어도 그 아이는 내겐 그저 아이였다. 이제는 꿈에서나 볼 수 있는 아이. 그마저도 올지 안 올지도 모르는 아이. 나도 슬픔을 견디기 어려운데 언니는 오죽할까. 쉰 살을 바라보는 아들을 늘 '강아지'라고 부르는 언니를 사람들은 속으로 비웃었다. 그런 엄마가 도를 넘는다는 것을 알아도 싫은 내색 하지 않았다. 그래도 엄마가 좋아하기 때문에 참는 거라고 했다.

 사랑도 너무 지나치면 해가 되는가. 언니도 나도 그 아이를 너무 사랑했나 보다. 건장한 체격에 동양적인 눈매가 예리하면서도 지적인 모습. 내 눈에만 빛나는 청춘이 아니었다. 그 아이의 죽음은 가족의 슬픔이기도 하지만 인재를 잃은 어느 한 분야의 상실이기도 했다.

 늙어가는 자식도 조카도 생각하면 아이 때로 감정이입되곤 한다. 이쁜 모습도 아픈 모습도 그때로 돌아가곤 한다. 그래서 어린 모습으로 내게 왔을까. '아웃어브뱅크' 해변에서 해일이 그 아이를 삼켰다는 사실을 이제 믿어야 한다. 그런데 어떻게 믿을까, 보지 못했는데. 어떤 모습이길래 그 아이를 보여주지 않았는지. 우린 아무도 보지 못했고 성조기에 싸인 관만 보았을 뿐이다. 본인이 내 꿈에 나타나 죽었다는 사실을 인정한 것 말고는 아무것도 모른다.

 평소에 누구의 임종도 보지 말아야 한다고 했던 내 말을 그 아이가 알았던 걸까. 그래도 어떤 기시감이 몰려들면 습관처럼 되뇌곤 한다.

 "그래야 했다면… 고통 덜하게 순간에 숨이 끊겼기를…."

세상은 한없이 아름다울지도 몰라

 현관문을 열자 라일락 향이 코끝을 휘감았다. 날씨 때문일까. 조문 가는 마음이 무겁지 않았다. 복 많은 분이라 가시는 날도 화창한 봄날이구나, 싶었다. 고인은 친구 시어머니. 나하고는 먼 친척뻘인데 내가 가면 당신 며느리를 '곰 같은 년'이라고 칭찬인지 흉인지 모를 말을 하곤 했다. 명랑하고 매사에 거침이 없는 분이 아흔아홉 해나 사셨으니 장례식장 분위기도 상주도 어둡지 않을 것 같았다.

 몇 달 전, 문병 갔을 때였다. 병실에 들어서니 넉넉했던 풍채는 오래 비워둔 빈집처럼 초라해져 바로 알아볼 수 없을 정도였다. 실망한 표정을 눈치챌까 얼른 눈을 돌렸지만 굳이 그럴 필요도 없었다. 이미 세상사는 관심 밖인 듯 눈길도 주지 않았다. 친구가 시어머니께 불편한 데는 없으시냐고 물었다.

"그래, 이제 조진 인생이고. 인생 일장춘몽이야."

예전 말투는 남아 있는데 말끝은 흐렸다. 친구는 어머니의 손자가 아들을 낳았다고 말했다. 그러나 그마저도 별거 아니라는 표정이었다.

"그래, 아들을 낳았다고…. 인생 다 일장춘몽이야."

"애비는 바빠서 못 왔고요. 어머니 좋아지시면 모시고 해외여행 가고 싶대요."

"지 까짓 놈 와 봐야…. 인생 일장춘몽이야."

아들도 당신을 어찌해줄 수 없다는 텅 빈 대답이었다.

예상했던 대로 조문객이 많았다. 번잡해서 식장 입구 창가에서 차례를 기다렸다. 한 무리의 조문객이 썰물처럼 빠져나갔다. 마치 숙제를 끝냈다는 표정이었다. 배웅해주러 나왔던 친구가 피곤한 기색으로 다가오더니 창밖을 보면서 연극 대사처럼 읊조렸다.

"겨울엔 죽은 거 같았는데 어떻게 저렇게 이쁜 새순이 나올까?"

계절의 순환. 그렇다면 인간에게는 윤회나 환생이 있어야 하는데…. 낙엽이 지고 봄이 되면 다시 잎이 피어나는데 인간은 그럴 수 없다는 사실이 새삼스러웠다. 대답을 원한 것도 아니었겠지만 답을 할 수도 없는 물음이었다. 시어머니와 함께 산 세월이 38년. 막상 돌아가니 애증인지 회한인지 모를 감정이 밀려와 통곡이 나오더라는 그녀도 어느덧 노인이 돼 가고 있었다.

고인이 후렴처럼 되뇌던 '인생 일장춘몽'은 다 내려놓은 것처럼 철학적이었다는 내 말에 그녀가 피식 웃으면서 말했다.

"철학적? 어렵게 말하지 마. 인생 개뿔도 아니야."

시어머니 죽음 앞에 허무주의자가 됐을까. 평소에 친구답지 않았다. 빛바랜 무청같이 누레진 얼굴빛이 안타까워 얼굴에 바싹대고 농담 한마디 던졌다.

"해방된 민족?"

"그래. 태극기 휘날려야 쓰것다."

그녀의 말본새가 어느새 시어머니를 많이 닮아 있었다. 왠지 모르게 영정 속의 시어머니와 모습도 닮아 있는 것 같았다. 더 늦기 전에 영정 사진을 찍어둬야겠다는 친구 말에 가슴 한쪽이 시큰했다.

그렇지, 인생은 한바탕 봄날의 꿈 같은 것. 삶의 속도가 갈수록 빨라지는 체감을 지우려 해도 시간의 끝은 생의 종말이라는 허무가 밀려든다. 시간이 길고 짧음이 무슨 의미가 있을까. 모든 시작은 끝을 전제하고 있었으니 내 시작도 끝이 있을 테고 그것은 죽음일 텐데…. 영원하지 않다는 것에 무슨 반론이 필요한가. 죽음이 두렵지 않은 적은 없었다. 그래서 인생도 다시 시작되는 계절의 순환이었으면 했다. 그렇게 가끔 판타지를 꿈꾸지만 어느 죽음을 보며 내가 아님을 안도하면서 삶을 이어가는지도 모른다. 슬며시 뺄셈했다. 오늘 가신 분의 나이에 내 나이를. 아쉬운 대로 남아 있는 시간은 있다.

돌아오는 길모퉁이 카페 테라스에는 사람들이 차를 마시며 웃고 떠들고 있었다. 다른 세상인 것 같았다. 향이 진한 차 한 잔을 마시고 싶었다. 눈부신 햇살이 쏟아져 내리는 테라스에 놓인 노란 프리지어. 손님이 떠나고 흩어져 있는 베이지색 라탄 의자. 라임 한 조각 띄운 유리 물병에 굴절되는 빛. 삶의 축제 같았다. 젊은 여자의 솜털 보송한 목덜미와 연둣빛 블라우스가 해사해서 얼른 핸드백에서 자잘한 꽃무늬 스카프를 꺼내 검은 재킷의 어깨를 감쌌다.

카모마일은 향마저 노랑이었다. 노란색을 보면 느끼는 현기증 탓일까. 어지럼증이 가시고 난 그 짧은 몇 초, 어쩌면 죽음에 이르는 그 순간이 그렇지 않을까 싶었다.

눈이 시리도록 밝은 봄빛. 초월적인 봄날의 풍경. 문득 그 공간에서 살아 숨을 쉰다는 사실이 벅찼다. 내게 남은 날들이 소중하고 귀하게 느껴졌다. 언젠가는 한 줄기 바람처럼 소멸할지라도 내가 머물렀던 시간도 공간도 춘몽이 되더라도 살아 있음을 누리고 싶었다. 지금, 이 순간 내가 존재한다는 것이 얼마나 위대하며 아름다운지!

내 블로그 대문에 새로 건 나의 아포리즘이 가슴에 화하게 번졌다.

'어쩌면 세상은 한없이 아름다울지도 몰라.'

여행 중 만난 사람들

 우리가 탄 비행기는 캄보디아 항공이었다. 착륙할 때쯤 출입국 서류를 요구하자 스튜어디스는 웬일인지 '노노'만 연발했다. 입국장에서 받아서 쓰라는 것인가. 하지만 공항에 비치된 서류는 없었다. 긴장한 한국 관광객들은 공항 직원이 건성으로 가리키는 쪽으로 우르르 몰려갔다. 공항도 협소한 데다 그날따라 입국자가 최고로 많다고 했다.
 우리 일행 중 여행가이드를 했다는 남자가 앞으로 나섰다. 그런 일은 자기도 처음 당해보는데 해결해 보겠다고 우리를 안심시켰다. 하지만 그도 어렵사리 한두 장 정도 찾아왔다. 일행은 18명이나 되는데. 공항 직원들은 당황하는 한국 관광객들을 흘끔흘끔 쳐다보고만 있었다. 다른 여행사에서 온 중년 여자가 여권에 1달러만 끼워주면 된다고 귀띔해줬다. '가이드 남자'는 얼굴을 붉히며 그럴 필요 없다고 언성을 높였다.

　보물찾기 게임을 하듯 헤매다가 한 시간 반 만에 입국장을 나왔다. 비쩍 마르고 키가 큰 한국인 현지 가이드가 공항 로비에서 기다리고 있었다. 당연히 불만이 쏟아졌다.
　"공항 직원하고 스튜어디스가 짜고 치는 고스톱을 하고 있는데 왜 조처를 하지 않아요?"
　"왜 우리가 이런 대우를 받아야 합니까?"
　그러자 그는 냉정하게 대답했다.
　"입국 전까지의 일은 저와 무관합니다."
　오히려 일행 한 사람을 지적하면서 제일 불만이 많은 것 같다며 쏘아보았다. 그러고는 캄보디아에선 1달러가 큰돈이라고 야릇한 뉘앙스를 풍겼다.
　'좀 더 있는 자'는 그 정도는 군말 없이 써도 된다는 의미였을까. 현지 여자하고 결혼한 지 15년이 되었다는 그는 이중간첩처럼 양다리를 걸치고 있는 듯했다. 그나마 가이드 눈 밖에 나면 일정이 껄끄러울 듯싶어 참을 수밖에 없었다. 돌아가면 여행사에 강력하게 항의하고 다시는 거래하지 않으리라고 다짐할 뿐이었다.
　다음 날 아침, 호텔 로비에서 가이드를 기다리는 동안 일행은 서로 소개했다. 모두 2인 이상 팀을 만들어서 왔다. 서울, 강원도, 충청도, 전라도에서 온 부부 네 팀, 50대로 보이는 7명의 남자팀, 나와 내 친구, 그리고 서울 부부의 딸이었다.

세련된 비주얼의 서울 부부는 한눈에도 나이 차이가 나 보였다. 아내는 40대 중반쯤이나 되었을까? 남편은 60대 후반 정도로 보이는데 딸은 고등학생이었다. 대파 농사를 만 평이나 짓는다는 강원도 부부는 해외여행이 처음이라 했다. 챙겨 온 김하고 김치는 뺏겼지만 팩 소주 삼십 개가 무사히 통과한 것을 행운으로 여겼다. 충청도와 전라도 부부는 원색의 등산복 차림이 비슷해서 유니폼 같았다. 그들은 자주 해외여행을 한 듯 여유로워 보였다.

일곱 명의 남자팀은 대화 내용으로 미루어 보아 서로 친한 사이가 아닌 것 같았다. 남자들끼리만 온 것을 어색해하는 눈치였다. 그중 병원 원무과에 근무한다는 남자가 자기 팀을 소개했다. '여편네들'이 여고 동창인데 '지들'만 자주 나다니기가 미안한지 남편들을 억지로 묶어서 내보냈다는 것이었다. 직업은 교사, 무역상, 대학 강사…. 그 남자는 디테일이 지나쳐 각자의 사생활도 속속들이 까발릴 기세였다.

그는 간단한 말을 복잡하게 말하는 묘한 재주가 있었다. 엊저녁에 마셨던 술 탓인지 본질을 벗어나 헤맸다. 서울에 살지만 만나기는 처음이라는 그들은 '여편네들'이 깔아준 멍석에서 밤이 새도록 잔을 기울여 하나같이 얼굴이 부석부석했다.

가이드가 오토바이에 의자를 매단 '툭툭이' 몇 대를 거느리고 나타났다. 부러질 듯 마른데다 눈자위까지 퀭한 것이 외모도 현지인과 닮아가고 있었다. 캄보디아 여행이 두 번째라는 친구가 살며시 마스크를 내밀었다. 날씨도 더운데 웬 마스크일까, 하는 의문도 잠시, 앙코르와트로 가는 길은 툭툭이가 달리면서 일으키는 흙먼지와 내뿜는 매연으로 숨이 막혔다. 그럴망정 나는 아이보리, 친구는 바이올렛 스카프를 휘날리며 달렸다.

작열하는 태양 아래 앙코르와트는 입구부터 장엄했다. 석산도 아닌 밀림 속의 거대한 석조물은 인간의 작품이라고 믿기지 않았다. 한마디로 불가사의했다. 통치자가 신이 되고 싶어 만든 사원은 피지배자에겐 잔인한 역사였을 것이다. 눈에 보이는 건축물마다 신비와 감동이 밀려왔다. 시간 여유가 없는 패키지여행인 것이 안타까웠다. 장엄한 사원과

회랑의 부조는 나를 설레게 하는데 일행에게서 멀어지면 불안하고 가이드는 서두르고…. 다시 오고야 말겠다고 다짐하면서 훑고 지나갈 수밖에 없었다. 한때는 태국, 라오스, 베트남 일부도 점령했다는 크메르 제국. 공항 직원이 기대했던 1달러가 왠지 서글펐다.

그날 일정이 끝날 무렵, 단체 사진을 찍으려는데 서울 남자의 젊은 아내와 딸이 나타나지 않았다. 어디 가도 한 사람은 꼭 '삐딱선'을 타기 마련이라고 가이드가 말했다. 눈이 모두 60대 서울 남자에게 쏠렸다. 그는 몹시 난감해했다. 다른 남자들은 짐짓 관심이 없는 척 고개를 돌렸다. 친구와 내가 가이드에게 눈짓했다. 모녀 없어도 그냥 진행하라고.

일곱 남자 중, 무역업을 한다는 남자가 우리 곁으로 왔다. 반곱슬머리에 이목구비가 뚜렷해서 호감이 가는 얼굴이었다. 그는 우리가 누나 같아 편안했는지 고자질하듯 말했다. 육십 대 남자 이야기였다.

"저분은 틈만 나면 하늘 보고 한숨을 쉬던데요."

"연세가 있어서 더위를 못 이기나 봐요."

"그런 거 같지는 않고요. 부인이 젊고 미인이라서…."

"부러우세요?"

친구는 더 듣고 싶은 말이 있는지 반문했다. 곱슬머리는 계면쩍었는지 싱글거렸다. 우리가 보기에도 예쁜 모녀의 안중에는 남편도 아버지도 없었다. 남자는 어디에 서야 할지 무엇을 해야 할지 방향을 잡지 못해 어설퍼 보였다. 그럴 때마다 일행은 안타까워했다. 그러면서도 여자들은 은연중에도 남편에게 잘 봐 두라는 속내를 내비쳤다. 충청도 여자하고 전라도 여자가 속삭이는 소리가 들렸다.

"아무래도 딸의 아버지는 아닌 거 가터유."
"그렇게요. 아저씨가 혼자 짐을 다 들고 힘들어 혀도 모녀는 쳐다보지도 않던디."

호텔에 들어가기 전, 일곱 남자가 몰려가면서 60대 남자도 끼워주었다. 담배 피우러 가는 품새였다. 다음 날, 곱슬머리가 대단한 정보를 알아낸 것처럼 우리에게 전달했다. 역시 육십 대 남자 얘기였다. 재력이 되는 남자와 젊은 여자의 등식은 성립한다는 것이었다. 예측했던 대로 재혼이라 했다. 젊은 아내도 딸도 버거워했다는 둥, 끝까지 갈 거 같지는 않다는 둥, 그 여행을 기점으로 사달이 날 것이라는 둥. 곱슬머리는 여행에서 또 다른 언론의 자유를 누리고 있었다. 남자가 여자보다 과묵할 거라는 것은 착각일까. 우리도 분명 추임새를 넣었지만 수다스럽구나 싶었다.

주량만큼의 소주를 챙겨온 강원도 남자나 일곱 명의 남자는 여행의 즐거움 중 팔 할은 음주인 듯싶었다. 여행이란 해방감으로 더 그랬지 싶다. 섹시한 '압사라' 춤 공연을 보면서 술을 한잔했어야 했다며 아쉬워했다. 언제나 팀과 거리를 두고 있는 모녀. 강렬한 태양 아래 젊은 여자와 청춘인 딸의 피부는 빛이 났고 더 팽팽해 보였다. 그럴수록 왠지 쓸쓸해 보였던 60대 남자. 그들의 삼자 회동은 어색하기만 했다. 그럴망정 예쁘고 젊은 모녀를 바라보는 여자들의 시선은 살짝 질투가 섞여 있었다.

여행의 마지막 날. 떠날 때 느낌처럼 돌아올 때도 그랬으면 좋으련만. 신데렐라가 마법에서 풀리듯 여행의 끝은 그렇다. 게다가 비행기는 뜨지 못했다. 어이없이 프놈펜에 있는 찜질방에서 하루 묵었다. 우리와 가까운 자리에 60대 남자의 가족이 자리를 펼치고 있었다. 시선을 의식하지 않아서일까. 그들끼리 있자 표정이 평안해 보였다. 그냥 자연스러운 가족이었다.

조금씩 다르게 살아갈 뿐인데 사람들은 그 조금을 참지 못하고 촌스럽게 과도한 눈길을 보냈다. 가족을 이룬 그들에게 왜 따뜻한 시선을 보내지 못했나 싶었다. 인천공항에서 헤어질 때 고등학생 딸에게 예쁘다고 말해주었다. 사실 매력 있게 예뻤으니까.

은퇴 후 머무는 정거장

 우리 집 뒤로 세 가구는 나이가 비슷한 칠십 대 중후반 부부가 살고 있다. 그들은 이 동네 토박이로 농사를 짓는다. 3년 전, 내가 이사 왔을 때만 해도 밤나무 집 아저씨는 체크무늬 점퍼를 휘날리며 스쿠터를 몰고 다녔다. 키도 크고 자세도 반듯한데다 농사일로 다져진 건강한 모습이었다. 게다가 동네 입구부터 그 집 땅을 딛지 않고는 집에 올 수 없을 정도로 땅이 많다. 양쪽 집 남자도 밤나무 집처럼 땅도 많고 건강한 편이었다.

 어느 날 창밖에 낯선 풍경이 보였다. 언덕 위 밭에 경운기가 거꾸로 박혀 있었다. 밤나무 집 아저씨가 중심을 잃고 밭으로 떨어졌다는데 몇 달이 지나가도 그대로 있었다. 봄이 되자 경운기는 치워졌지만 아저씨는 보이지 않았다. 그 사이 뇌경색으로 수술하고 이제는 농사를 지을 수 없게 됐다고 했다.

　밤나무 집 아저씨가 쓰러지고 1년 후, 오른쪽 집 아저씨는 디스크와 관절염으로 거동을 못 하게 되었다. 자그만 체구에 동네에서 제일 부지런하다고 했는데 못 본 지 몇 달 되었다. 그즈음에 왼쪽 집 아저씨는 고관절염으로 두 번이나 수술받았다. 지금은 지팡이를 의지해서 겨우 직립하는 정도다.

　나이는 숫자에 불과하다는 말은 숫자가 문제라고 강조하는 얘기일까. 거의 비슷한 연령대에서 건강을 잃었다. 세 집 아주머니들은 같은 말을 했다. '저 집은 땅값도 오르고 아저씨도 아픈데 농사는 인제 그만 짓고….' 농사짓지 않아도 충분히 누리고 살아도 된다는 말이다. 내가 보기엔 세 집 다 처지가 비슷한데 서로 정작 자기에게는 해당하지 않는 것처럼 말한다. 막상 자기가 가진 것과 잃은 것이 무엇인지 실감하지 못하는 모양이다.

　밤나무 집은 거구의 아저씨를 아주머니 혼자 병간호하다 팔이 골절되고 말았다. 아저씨의 병세마저 점점 악화해 결국 요양병원에 입원시켰다. 아주머니는 수술하고 일주일만에 퇴원했지만 아저씨는 요양원으로 갔다. 나와 가까운 사이도 아닌데 자기 남편은 절대 요양원에 보내지 않을 거라고 공약하듯 말했는데 어쩔 수 없었나 보다.

그 소식을 들은 고관절 아저씨의 얼굴빛이 어두웠다. 고관절 아주머니는 행동도 빠른 데다 베스트 드라이버. 오이와 복수박을 심어 직거래 장터에 판매까지 하는데 제철이면 도마뱀처럼 날쌔다. 비교하고 싶지 않아도 비교가 되는 커플. 고관절 아저씨는, 아내가 남편을 하늘같이 여기는 밤나무 아저씨도 요양원 신세가 되었다며 카운트다운에 들어간 것처럼 불안해했다. 오로지 믿는 거라고는 고개 넘어 땅 판 돈 십억여 원. 아저씨는 그나마 움직일 수 없으면 그 돈도 힘이 되지 못할 거라면서 한숨 쉬었다. 수술 후 깊어진 주름이 더 깊어 보였다.

디스크 아저씨도 회복할 기미가 보이지 않는다. 얼마 전 퇴직한 아들이 왔다. 어머니를 도와 채소 농사를 짓고 닭도 키우는데 유정란은 없어 못 판다고 했다. 파와 토마토가 전문이던 밤나무 아주머니는 은퇴했지만 고관절 아주머니나 디스크 아주머니는 계속할 기세다. 하지만 정황으로 봐서 머지않아 고관절 아저씨도 디스크 아저씨도 요양원에 갈 수밖에 없을 것 같다.

추석 전날 밤나무 아저씨가 요양원에서 외출을 나왔다. 아주머니는 남편을 휠체어에 태워 집에 데리고 왔다는 사실이 좋은지 연신 웃는 낯이었다. 나는 아저씨와 마주쳤으니 인사를 안 할 수도 없어 엉거주춤하게 인사를 했다. 생각했던 대로 알아보지 못했다. 하루도 거르지 않고 요양원에 가는 아주머니는 아저씨에 대한 사랑이 지극한 것이 분명하다. 그러나 명절이 지나면 또 요양원으로 갈 것이다. 마치 그곳이 돌아가야 할 곳인 것처럼.

내가 부모님을 모실 요양원을 알아보고 다닐 때였다. 큰 건물 꼭대기 층에 돔형식의 지붕이 유리로 되어 있어 하늘이 보이는 멋진 곳이었다. 시설도 좋은 편이었다. 그곳으로 결정해야겠다고 마음을 먹고 돌아서려는데 생각지 못한 광경을 목격했다. 입원실로 둘러싸인 넓은 공간 가운데에 이십여 명의 하얀 노인들이 눈에 들어왔다. 초점 잃은 눈으로 긴 의자에 앉아 있거나 서성이는 모습이 무중력상태에서 떠다니는 것 같았다. 그런 그들을 향해 천국행 버스가 저만치 달려오고 있는 것 같았다. 승차권마저도 필요가 없는 빈손의 노인들. 어쩌면 그곳은 은퇴 후에 얼마 동안 머무는 정류장일지도 모른다고 생각했다. 버스가 오면 아무런 저항 없이 타야 할…. 나는 결국 요양원을 정하지 못하고 돌아왔다. 그날 가슴이 서늘했던 기억에 나는 다시는 요양원을 생각하지 말자면서도 수도 없이 요양원을 생각했다.

    은퇴하고 노인 되면 자신을 스스로 돌볼 수 없을 때 요양원에 머무르기도 하고 그곳에서 생을 마치기도 한다. 점점 당연하고 자연스러운 과정인 것처럼 사회적인 분위기도 그렇다. 케어를 받아야 하는 노년이 되면 요양원으로 가는 것이 대세일까. 아마도 그런 것 같다.

태풍에도 끄떡없는 까치둥지

 방송사마다 정규 프로를 접었다. 실시간 태풍 특보를 보내는 티브이 화면처럼 내가 사는 곳도 바람뿐이었다. 올해 처음 열매를 맺은 감나무가 반으로 갈라지더니 뚝 떨어져 나갔다. 나무를 향하여 달려가는데 공중 부양이라도 할 것처럼 발이 땅에 닿지 않은 채로 바람에 떠밀렸다.

 태풍은 껑충한 가죽나무 가지 위에 지은 까치둥지를 무지막지하게 뒤흔들었다. 까치둥지는 금방이라도 날아가 버릴 것만 같은데 용케 버텨내고 있었다. 하지만 그것도 시간문제라고 생각했다. 아무래도 나무가 꺾이면 날아가 버릴 것만 같았다. 3층 창가에서 손을 뻗으면 닿을 듯해서 붙잡아 주고만 싶었다.

 까치가 집을 보수할 때 날마다 응원을 보냈다. 추운 겨울 까치는 나뭇가지를 물어와 수도 없이 들락거렸다. 처음에는 엉성했던 집이 차츰 커지면서 형태를 갖춰갔다. 보수 과정에 물어온 가지를 꽤 많이 떨어뜨렸다. 수없는 반복과 시행착오. 그러기를 한 달 이상 걸렸다. 겉모양새처럼 안도 그렇다면 어떻게 알을 부화할 수 있을까. 흙이나 검불 같은 게 나무 아래 떨어진 걸 보고 안심했다. 순전히 본능으로만 지은 집, 그래도 무사할 수 있을까.

 길 건너 낮은 산자락에 요양원이 있다. 그 주변에 희끗희끗한 것들이 날아다녔다. 작은 공장 어딘가 뜯겨나간 모양이었다. 옆집 처마는 벌써 바람이 어딘가로 데려가 버렸다. 주인 남자가 어이없다는 듯 바라보았다. 우리를 보고 고개를 가로저으며 들어갔다. 태풍과 범벅인 빗줄기가 화살처럼 찔러댔다. 빗방울에 얻어맞아 따가운 감각은 진즉 겪어보지 못한 일이었다.

 살다 보면 야단스러운 비를 동반한 태풍 같은 순간이 있다. 전날 어느 장관 후보자는 청문회에서 피할 길 없이 광풍을 맞고 있었다. 사정없이 난도질당하는 모습이 우듬지 까치집처럼 애처로웠다. 하지만 쉽사리 허물어질 것 같지는 않았다.

 낙마의 위험성이 극에 달할 때쯤 태풍 특보가 화면을 뒤덮어서 그를 향한 태풍은 하루 새 소강상태였다. 바람이 바람을 막아주는 격이었을까. 그에게 불어 닥친 태풍은 잠시나마 그렇게 멈췄다. 태풍은 지나갔고 그도 낙마하지 않았다. 그러나 언젠가 태풍은 다시 올 테고 그도 다시 태풍을 맞을지 알 수는 없는 일이었다.

태풍이 한바탕 휘젓고 북상했다. 세상은 언제 그랬냐는 듯 머쓱할 정도로 조용했다.

늘 외롭지 않은 척 씩씩한 여인이 내 안부를 핑계 삼아 찾아왔다. 그 여인이 외롭게 혼자 사는 이유는 남편의 '바람' 때문이었다. 그 남자의 여성 편력은 여전히 진행형이라 했다. 그녀는 오죽해야 남편의 바람은 맛집을 찾아다니듯 간단한 일이라고 표현했다. 끊임없는 나열과 반복 그리고 첨삭. 그런데 요즘은 바람쟁이가 하품 나오는 짓을 한다며 그녀가 자기 남편을 비꼬았다.

"그 인간이 글을 쓴대요."

"무슨 글?"

"시인으로 등단하셨답니다."

시집도 냈다며 그런 정신 상태로 시를 쓸 수 있느냐며 내게 따지듯 물어왔다. 나와는 다른 장르라 일단 웃었다. 아름다운 시어로 오랫동안 축적한 자기 치부를 가리고 싶었을까. 그런 감성이 있는 사람인지라 바람을 안고 사는구나 생각하면서도 차마 그 말은 할 수 없었다. 그래도 글을 쓴다기에 동질감이 생겨 궁색한 말을 찾다가 그만 필요 없는 말을 했다.

"그 사람 아침 드라마 작가로 전향하면 어떨까."

"왜, 경험이 풍부해서?"

"그렇지. 경험은 큰 자산이야. 잘만 쓰면 큰돈도 벌 수 있어."

"핑계 삼아 태풍도 모자라 쓰나미가 되겠네."

말은 그리해도 남편이 떠난 집에 그대로 있는 그녀가 가끔은 궁금했다. 그를 기다리는 것은 절대 아니라는 답은 한결같았다. 그래도 기력 다 떨어지면 돌아오지 않겠느냐는 말에 그의 답은 의외였다.

"그때는 받아줄 수 있어."

"그때는 늙어 초라해져 봐줄 수도 없을 테니까."

그 모습을 즐길 거라는 이해할 수 없는 논조였다. 결국은 기다린다는 얘기였다. 기다리는 이유가 뭘까. 애증도 맹목적인 측은지심도 다 막연한 얘기고 지속적인 경제 지원에 대한 의리일까.

　어두침침한 그녀의 집은 그 남자가 떠났던 20년 전과 달라진 것이 없다. 그녀는 올해 환갑이 되었다. 그 나이가 되도록 한 번도 그 집을 떠날 마음이 없었고 앞으로도 그럴 거라고 했다. 둥지를 버리고 떠난 남편은 새로운 둥지를 수도 없이 틀었다. 그때마다 그녀는 자신이 초라하다 느끼면서도 마음을 보수하며 살았을 것이다. 하지만 사정을 내가 다 알 수는 없고 어떤 사람에게는 인생의 주제가 기다림일 수도 있겠다 싶었다. 혼자서 비바람을 받아내던 그녀의 주공 아파트 2단지 정문 앞에 열녀비 세워주겠노라고 장난처럼 말했지만 미움을 내려놓은 그가 대견스럽기도 했다.

　새들은 둥지를 지을 때 바람 잔잔한 날을 골라서 하지 않는다 한다. 오히려 바람이 세차게 부는 날 집짓기를 해서 아름답고 튼튼하게 한단다. 태풍에 나뭇가지가 부러지는 일이 있어도 까치집이 날아가는 일은 없단다. 까치는 새집도 짓지만, 어떤 까치는 헌 집을 보수해서 쓰기도 한다. 왜 그런지 알 수 없지만 보수한 까치집은 더 촘촘하고 견고해 보였다. 그녀의 남편이 피운 바람은 오래 끌었다. 그녀가 잠을 설치며 했을 속앓이를 생각하면 여자로서 화딱지가 났다.

그런데 진짜 고수는 그녀라는 생각이 드는 것은 왜였을까. 바람에 정면으로 대항하지 않고 그럴수록 땀땀이 보수하며 둥지를 지켜온 그녀. 그녀의 집도 어느 태풍이 와서 쥐고 흔들어도 끄떡없이 살아남을 만큼 견고하지 않을까. 태풍에도 끄떡없는 까치둥지처럼.

15일간의 노동은

가깝게 지내는 이가 말했다.

"자네는 다시 일어설 자세가 돼 있지 않아."

무슨 의미냐고 묻고 싶었지만 돌아서며 얼버무리듯 말해서 나는 못 들은 척했다. 그런 말을 들으니 기분이 좋지 않았지만 화나지도 않았다. 믿음 좋은 그가 복음을 전하려 해도 빗장을 건 채 마음을 열지 않는 나에게 화가 나서 하는 말이라는 걸 알기 때문이었다. 종교적 신념이 강한 사람은 그럴 수 있겠다고 오히려 내가 그를 이해했다.

당시 다시 일어선다는 말은 감히 생각할 수 없는 처지였다. 무엇보다도 기가 죽는 것은 내 나이가 오십이 훨씬 넘었다는 사실이었다. 게다가 어느 소방관의 말은 충격적이었다.

"요즘 며칠 걸러 자살하는 사람이 나오는데 거의 오십 대

가장이에요."

 그날 밤 나는 이불을 뒤집어쓰고 오열했다. 책임과 나이라는 벽이 얼마나 힘이 들었으면 그랬을까. 나이만 생각하면 미칠 것 같다는 말이 하루에도 수천 번 나오던 터라 내 설움에 얼굴이 빵 반죽처럼 부풀도록 울었다. 처지가 궁하면 시야가 좁아지고 생각은 굳어버린다. 내가 지금 그런 상황이구나, 하는 생각마저 떠오르지 않을 때였다.

 노동밖에 길이 없었다. 집안 살림 외에 딱히 몸을 써서 일을 해본 적이 없었다. 안이하게 살았다. 노동은 산이라도 뽑아내야 할 힘이 있어야 할 것 같아 두렵기만 했다. 내가 할 수 있는 일이란 밥이나 청소나 빨래나 할 수 있을까. 단순한 노동도 사용자가 써줘야 하는데 그마저도 쉽지 않겠다 싶었다.

 치킨집 주방으로 일을 나갔다. 경험이 많으니 시켜주기만 하면 잘해 보겠다고 했다. 주인 여자가 나를 아래위로 훑어보더니 깔보듯 말했다.

 "거짓말할 생각하지 말어. 초짜지?"

 아무 대꾸도 못 하고 시키는 것뿐만 아니라 다른 일도 찾아서 쉬지 않고 했다. 솥 앞에 서면 내 몸도 튀겨질 듯 기름이 펄펄 끓었다. 하루 다섯 시간, 생닭 손질하고, 닭 튀기고, 설거지하고, 주문받고… 기름기 뒤집어쓰고 노동하는 그 시간이 내가 추락한 대가라고 생각하면 겁이 났다.

 3일만 해볼 거라고 했는데 3일째 되는 날, 주인 여자가 젊은 남자 손님하고 사라졌다. 나는 보조에서 느닷없이 주방장으로 승격되고 말았다. 안주가 사십여 가지, 치킨 빼고는 보도 듣지도 못한 것들이었다. 번데기탕 주문이 들어왔을 때는 너무 생소해서 도망가고 싶었다. '몬도가네'가 따로 없었다. 그 집 아들이 번데기탕 만드는 걸 가르쳐주면서 자기 엄마는 속이 하나도 없는 얼빠진 사람이라면서 분개했다. 한 달 후면 군대에 가는데 그때까지만이라도 봐달라고 통사정했다.

 3일만 하기로 했는데 어쩌다 15일이나 하게 됐다. 집을 걱정하는 치킨 집 아들의 애타는 마음이 갸륵해서였다. 손톱이 뒤집히도록 일을 하면서 프롤레타리아 혁명의 타당성과 그들이 왜 머리띠를 두르고 과격해지는지를 이해할 것 같았다. 끓는 기름, 고기 타는 연기, 밀려드는 주문, 돌아서면 쌓이는 음식 찌꺼기와 불판과 그릇들…. 주저앉을 것 같았다. 집에서 하는 일을 밖에서 돈 받고 하는 차이라고 누군가 말했지만 노동을 희롱하는 말이었다. 자정이 넘은 시간에 집으로 돌아오면서 우리 집에서 도우미로 살다 간 이들에게 휘청거리는 발걸음마다 속죄했다.

  노동의 결과로 나는 번아웃되었다. 타고 남은 재, 나는 그 자체였다. 화풀이처럼 설쳤지만 당면한 추락 앞에서 '구원'이란 여전히 추상명사일 뿐이었다. 평생을 노동으로 살아가는 사람도 있는데…. 그때 깨달음처럼 생각나는 게 있었다. 지나서 온 길을 돌아보면 내가 익숙하고 잘하는 것이 있을 테고 그 우물에 빠뜨린 것은 그 우물에서 건져야 한다는 것이었다. 거짓말처럼 그런 지혜마저 떠오르지 않아 10년을 보내고서야 작은 집부터 짓기 시작했다.

  경제 활동만 머리에 가득했던 내가 돈하고 거리가 먼 글도 쓰기 시작했다. 한가하게 글 쓸 만큼 사정이 좋아진 것은 아니라도 무작정 쓰고 싶었다. 글을 쓰겠다는 마음을 얻어낸 것은 나를 스스로 인정하는 길이기도 했다. '굳이 치킨집에서 일했던 사실을 써서 무슨 득을 보겠다고?' 그렇게 말할지도 모른다. 요즘은 젊은 작가들 글을 많이 읽는다. 쓸데없이 무겁지 않고 수사가 난무하지 않고 직설적이어서 개운하다. 신변잡기라는 폄하에도 신경 쓰지 않는 그들의 산문은 신세

타령이 아니다. 왈츠처럼 경쾌하다. 가난도 섹스 얘기도 궁상맞거나 저급하지 않다. 정신을 못 차릴 정도로 큰 문제에 부딪혔을 때 그것으로부터 편해지려고 종교를 생각했던 적 없다는 어느 젊은 작가의 당당함도 신선하다. 그들의 젊은 감성에 다가갈 수는 없어도 솔직함은 닮고 싶다.

구차한 이야기 거두절미하고 치킨집 주방 15일간의 노동은 내게 선생이었다. 삶의 좌표를 다시 그리는 계기가 되었다고나 할까.

남정인 수필집

물의 도수

초판인쇄 | 2024년 10월 04일
초판발행 | 2024년 10월 11일
지 은 이 | 남정인
펴 낸 이 | 김경희
펴 낸 곳 | 말그릇

   (우)02030 서울시 중랑구 공릉로 12가길 52~6(묵동)
   전 화 | 02-971-4154
   팩 스 | 0504-194-7032

   이메일 | wjdek421@naver.com

   등록번호 2020년 1월 6일 제2020-3호

인 쇄 | ㈜쌩큐컴퍼니

ⓒ 2024 남정인
값 14,000원

ISBN 979-11-92837-18-5 03810

• 저자와 합의하에 인지는 생략합니다.
• 잘못된 책은 구입하신 곳에서 교환해드립니다.

※본 도서는 화성시, 화성시문화재단 의 '2024 화성예술활동지원' 사업으로 출판되었습니다.

이 도서의 국립중앙도서관 출판예정도서목록(CIP)은 서지정보유통지원시스템 홈페이지(http://seoji.nl.go.kr)와 국가자료종합목록 구축시스템(http://kolis-net.nl.go.kr)에서 이용할 수 있습니다.